离开清华的110种方式

II

张 超 何雪冰 主编
金蕾莅 董吉男 李龚龙 副主编

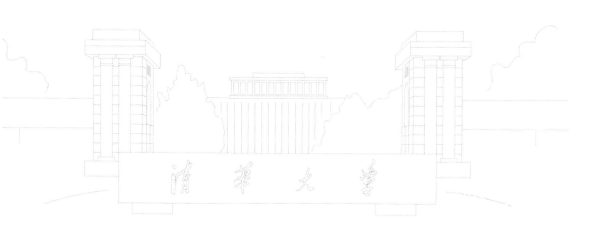

清华大学出版社
北京

本书封面贴有清华大学出版社防伪标签，无标签者不得销售。

版权所有，侵权必究。举报：010-62782989，beiqinquan@tup.tsinghua.edu.cn。

图书在版编目(CIP)数据

离开清华的110种方式. Ⅱ / 张超，何雪冰主编. —北京：清华大学出版社，2022.9
ISBN 978-7-302-61749-5

Ⅰ. ①离⋯ Ⅱ. ①张⋯ ②何⋯ Ⅲ. ①清华大学—校友—事迹 Ⅳ. ① K820.7

中国版本图书馆 CIP 数据核字 (2022) 第 161406 号

责任编辑：王巧珍
封面设计：傅瑞学
责任校对：王荣静
责任印制：丛怀宇

出版发行：清华大学出版社
  网　　址：http://www.tup.com.cn，http://www.wqbook.com
  地　　址：北京清华大学学研大厦 A 座　　邮　　编：100084
  社 总 机：010-83470000　　　　　　　　　邮　　购：010-62786544
  投稿与读者服务：010-62776969，c-service@tup.tsinghua.edu.cn
  质 量 反 馈：010-62772015，zhiliang@tup.tsinghua.edu.cn
印 装 者：北京博海升彩色印刷有限公司
经　　销：全国新华书店
开　　本：170mm×240mm　　印　　张：18.25　　字　　数：306 千字
版　　次：2022 年 10 月第 1 版　　印　　次：2022 年 10 月第 1 次印刷
定　　价：80.00 元

产品编号：098303-01

编委会名单

主　编：张　超　何雪冰
副主编：金蕾莅　董吉男　李癸龙
编　委：（按姓氏笔划排序）
　　　　王子铭　王新宇　朱戈奇　刘路正　关晓壮
　　　　陈雪莹　徐光耀　徐雅楠　黄　峰　潘瑞浩

目录

刘新新：坚持适合自己的路才是你应该走的路 …………………… 1

汤家力：追梦大飞机，永不止步 ………………………………… 6

裴颢：从清华到哈佛，再到我的归国创业之路 …………………… 10

方鹏飞：鹏飞千里，十年一日 …………………………………… 15

曹政：基层电网人的调度追风十二年 …………………………… 19

周水祥：下百村，入千户，清华硕士在广西基层 ………………… 24

苗昊春：从清华到兵器，一位兵工人的选择与坚守 ……………… 30

陈婧霏：谱一曲仲夏的梦 ………………………………………… 35

傅麒宁：做一名有温度的医生 …………………………………… 42

孙永铎：九年核研路，不负少年心 ……………………………… 46

武文博：用工程师的浪漫架构梦想世界 ………………………… 50

伏广宇：从五道口到宿迁，六年基层守卫情 …………………… 54

杨俊：我在甘肃基层的脱贫攻坚故事 …………………………… 60

杨铭谦：悠悠航天梦，冉冉报国"芯" …………………………… 66

苏铧烨：从一滴油到一滴水，我与青海的五年化学反应 ………… 69

方洲：做一件"很酷"的事情，清华方洲守护方舟 ……………… 75

管弦：清华牛津联合国，可能之外还有可能 …………………… 78

石富：	巾帼飞天梦！中国女航天员系列雕塑原来是这样创作出来的	82
伏刚：	从宁夏来，回宁夏去，比热爱更多的是责任	86
姜磊：	矢志强核报国	92
沙垚：	愿以深心奉尘刹，螺蛳壳里做道场	97
徐佳倩：	从麦肯锡到 bilibili，一个非典型理科生的文娱业之路	102
毕滢：	创业维艰，我不后悔	106
陈淑文：	点亮贫困户心里的"路灯"	112
徐志强：	一名兵工骨干的修炼之路	118
宋扬：	7117，我的云南扶贫故事	124
马冬昕：	我人生的 A 面与 B 面	130
赵瑶瑶：	从日本到美国，我又重回北京	135
刘嘉琛：	在法律之路上传递善意	140
张天：	我的毕业决定——回归内心所向	146
张佳敏：	挑战学术话语权	153
施华杰：	在非洲追逐阳光的两年	157
郑梦雨：	一名女记者正在"追风"	163
宋云天：	愿为萤火，发一点光	169
甄真：	随心而动，随刃而行	174
刘维特：	去央行，从随口说说到梦想成真	178
栾文焕：	一名普通选调生的普通基层生活	184
张宇涵：	初探联合国	189
张鹏翀：	一个"小镇青年"的清华八年	197
杨元辰：	我是这样被 IMF 录取的	201

多雷：用更广阔的视野选择生命中真正的热爱 ………………… 205

地尼亚尔：放弃读研，我回到新疆当起了"电力医生" ………… 211

黄梓新：有的人生在罗马，但条条大路通罗马 ………………… 215

李俊霖：我的大学没有寒暑假 …………………………………… 218

卓玛：做青藏高原上的一束烛光 ………………………………… 224

曹绪尧：做创业道路上的长期主义者 …………………………… 231

韩宗杭：从"梦之网"到"冬奥梦"，电力一线的梦想与坚守 ……… 235

王德斌：从西南边陲的放牛娃到振兴乡村的返乡人 …………… 241

余明：用过往的沉淀迎接未来的挑战 …………………………… 248

李天枭：追寻"双碳"，我选择了孤注一掷地争取和等待 ……… 253

叶子鹏：建党百年，我选择成为一名党校教员 ………………… 257

曹丰泽：我要证明，理想主义的路是走得通的 ………………… 263

曹哲静：从多元探索到学术之路的选择 ………………………… 268

闫星辉：为了祖国的辽阔天疆 …………………………………… 272

徐九洋：一位医师科学家的成长与选择 ………………………… 275

后记 ………………………………………………………………… 282

刘新新：坚持适合自己的路才是你应该走的路

被学校约稿，我有点意外，因为我的经历很普通，本科毕业就在一家国企工作，没有轰轰烈烈的创业史，就是一个普通的工程师一步步成长起来的平凡故事。不过听了约稿的初衷，我想也许我的经历对同学们的就业会有些借鉴意义，所以今天就和大家一起来聊聊我的故事。

2008年毕业之际在清华校园内的留影

我是2004年从黑龙江省七台河市考入清华大学材料科学与工程系（也就是现在的材料学院），七台河市最出名的是煤炭和短道速滑，可惜我不会滑冰，我家也没有煤矿。但即便如此，刚入清华大学那会，我依然自信心爆棚，因为初中以后尤其是高中一直自认为是学霸，从不觉得学习是件难事，可是进入清华以后我渐渐发现，尽管自己很努力地去听课、上自习、写作业，最后考试的时候成绩也就维持在中等，只有那些不是主专业的课，成绩才可能在上游。你的身边到处是牛人，随随便便就考个满分。那时流行的课程顺口溜"随机过程随机过，量子力学量力学"，真的是我学习的真实写照。曾经有那么一段时间，我有些抑郁。但是园子内丰富的业余文化生活及时地挽救了我，我在各类学校举办的文体活动和各种社团组织的交流活动中找到了自己的长处，也发现了很多乐趣，所以我渐渐接受了平凡的自己。大四的时候，同学们都在研究出国或考研，可我就想早点毕业，抓紧投入社会的怀抱。于是2008年8月，在全国人民都兴高采烈地奔向北京观看奥运会时，我收拾行囊离开了北京，回到我的家乡黑龙江，入职哈尔滨电气集团。

聊到这，我想大家也许会问第一个问题：

■ 为什么要去哈尔滨工作呢？

说来也是一种缘分，那一年是哈电集团第一次到清华大学招聘，我只是抱着听听看、凑热闹的态度去瞧瞧，没想到自己就被国之重器所吸引。哈电集团由"一五"期间苏联援建的156项重点建设项目的6项沿革发展而来，是在原哈尔滨"三大动力厂"（电机厂、锅炉厂、汽轮机厂）基础上组建而成的我国最早的发电设备研制基地，也是中央管理的关系国家安全和国民经济命脉的国有重要骨干企业。它历史悠久，底蕴深厚，创造了无数个共和国电力装备制造的第一。享有"中国发电设备摇篮""共和国长子""中国动力之乡"的美誉。我利用假期到哈尔滨汽轮机厂厂区见到了大型装备，看到了苏联援建的红砖楼房，看到这个颜色就不自觉地想到了大礼堂。

2020年参加中国动力工程学会透平学会透平专委会会议

另外，我的大学学费是依靠唐仲英奖助学金。推己及人、薪火相传的精神深深影响了我，我在学校期间就参加了很多志愿活动，所以我希望自己毕业以后可以回家乡做点力所能及的事。只是当初回去的时候也没想过，自己可以在这一干就是十几年。

第二个问题是：

■ 为什么选择国企呢？

说实话，回想起刚开始工作的时候，待遇低，又地处北方，看到同学们的风光，他们有的出了国，有的在外企，自己也很有压力，也有点不平衡。但是随着工作年限的增长，单位不断赋予重任，我在这里完成了国家重大专项和很多工厂需要研发的课题，工作很充实，收获也很大。成就感不断加强，好好干下去的信念就不断坚定。于是我就慢慢地从一名懵懂青年成长为一名央企的中层管理者。

2018年与某国外技术公司开展技术交流与商务谈判（右一）

其实毕业生在选择工作时都会有困惑，是去国企还是外企，是去当公务员还是干脆自己创业。每个人都会有自己的选择，我的体会是——不要看眼前的利益，要用发展的眼光选择你的工作。2018年是我们四字班毕业10周年，我也和很多同学一起小聚，促膝长谈。奋斗了10年，同学们的境遇各不相同。

其实大家都过得很好，都不用担心物质生活。10年前大家聊的是："你在哪家公司？收入多少钱？"而10年后，却变成了："你从事哪个行业？是什么样的职务和社会地位？"美国心理学家马斯洛把人类需求从低到高，按层次分为生理、安全、社交、尊重和自我实现五种。高薪虽能够满足前三个基本需求，但不一定能够带来尊重和自我实现。所以自我实现是最高的需求，也是最持久的动力。工作时间越长越能体会：一个人的成功不仅取决于个人的才能和天赋，更重要的是要选择干事业的大舞台。

第三个问题：

■ 本科毕业工作学历是否就够用了呢？

本科学历对于我当时那个年代确实是够了，现在够不够我不敢轻易下结论。我在工作以后，意识到自己还需要在专业上继续努力，所以后来在哈尔滨工业大学读了工程硕士，2019年又申请母校的创新领军工程博士，目前还在攻读博士学位中。但是可以肯定的一点是，在我本科毕业之时确实是对学习不是特别感兴趣，所以我认为当时去国企工作对我而言，是一个正确的选择，因为没有兴趣，也就没有动力，如果读研期间浑浑噩噩地度过，也许对我来说更是一种折磨。工作以后反而对自己的不足有了更清醒的认识，知道了努力的方向，再去读研，更有目标性，也更有动力，也更有成效。

2019年参加中央党校培训期间留影

比起选择，坚持更重要。基层工作往往都是繁杂的，搞工程研究也往往都是辛苦的，在一个岗位上想做出点成绩，就必须要沉下心来，俯下身去，要耐得住寂寞，工作的时间越长，越能体会"自强不息、厚德载物"这八个字的深刻含义。

感谢母校的培育，让我在进入社会时有了第一个起步资本。感谢学校对毕业生就业工作的高度关注。10年间陈旭老师三次来哈电集团调研并与校友开展谈心谈话，这对我们无疑是莫大的鼓励和支持。

希望学弟学妹们在毕业时能明白自己的内心真实想法，不要人云亦云，也不要亦步亦趋，坚持适合自己的路才是你应该的选择。

写于2022年4月

刘新新，清华大学材料学院2008届本科毕业生，毕业后到哈尔滨汽轮机厂有限责任公司工作。

汤家力：追梦大飞机，永不止步

2000 年进入清华大学工程力学系深造，对我而言是有些许幸运的。清华园里的学习生活相当紧张，身边总有一些无论如何都追赶不上的"大牛"，只能日复一日地伴随着自习室关灯的音乐结束充实的一天。等到了研究生阶段，有机会接触到国内外先进制造企业的合作课题，我渐渐认识到在工程应用研究方面国内外的差距，于是，"帮助国内先进制造业赶超国际一流水平"就成为了我当时唯一的择业方向。恰逢中国商飞公司刚刚成立，2009 年博士毕业时，我毫不犹豫地选择了自己人生的下一个航段。

■ 迎难而上　广师求益

再次感谢自己的幸运，也感谢这个奋进的时代，入职后不久我就有机会深度参与 ARJ21 支线飞机的 2.5g 全尺寸静力试验。对国内航空工业而言，这种程度的全机级复杂试验不多见，有一定的积累和经验。但当时美国联邦航空局（Federal Aviation Administration, FAA）正在对 ARJ21 型号开展影子审查，他们针对这个静力试验提出了一个问题：机翼上的试验载荷是垂直地面加载的，这样模拟的载荷是否真实？

这个问题从根本上否定了国内传统试验载荷设计中的线性假设，需要运用数值方法进行非线性的复杂计算才能回答。

项目进度刻不容缓，而相关的参考资料几乎为零。刚刚入职的我凭借在清华园打下的扎实数理基础和编程能力，在短短一个月时间里，从工程力学的基本假设出发，重新推导了机翼试验载荷，并编写了专用的计算软件。当我把全新的试验载荷计算方法和结果给 FAA 审查代表进行汇报后，得到的答复只有一句："Great!"

2010 年 6 月，入职不到一年的我就这样打破了国内近 50 年的业界传统，使得中国的大型飞机全机静力试验进入了"垂直机翼弦平面加载"的时代，一举追上了国际一流水平。这个小小的成就，也让我迅速地在公司内小有名气。

之后，伴随着 ARJ21 的型号研制进展，我开始负责越来越多的技术难题，也在工作中运用自己的扎实基础、学习能力和创新思维，攻克了一个又一个难关。在解决机翼某结构裂纹故障时，我创新性地结合了振动测量数据和疲劳分析工程算法，为故障定位提供了高效的计算工具，打开了裂纹故障的"黑匣子"；在进行复合材料结构全尺寸疲劳试验设计时，我又通过对传统"雨流计数"方法在复合材料结构上的创新应用，把试验周期从 1 年多缩短到了 2 个月，为国家节省了大量经费。

型号的历练让我几乎每天都在学习，都在思考，都在成长，迅速地从一个新人成长为了技术骨干，也凭借突出的贡献获评全国青年岗位能手、上海市杰出青年岗位能手、中国商飞公司十大青年英才等荣誉。

检测工件结构

■ 精益求精　厚积薄发

从 2012 年起，我开始承担更为重要的工作，成为了一个团队负责人。虽然在校园里也会时常与师兄弟合作完成科研任务，但在企业里带领一个团队则完全是新鲜的体验。一方面，你需要在技术上做好带头人和决策者，在面对一个个技术难关时带领团队找到正确的前进方向；另一方面，你需要在管理上做好协调者和组织者，和兄弟团队一起并肩作战。

负责C919机翼强度设计时，我和同事们针对每一个结构细节反复推敲，"斤斤计较"地为节省飞机的每一克重量而努力；负责全机结构项目管理工作时，我又不断借鉴国际先进经验，在团队内部推行高效的管理方法和工具。就这样，我在征途中不停地跋涉着，因为"追赶制造业世界一流水平"的目标从来没有动摇过。

从2016年起，我开始负责C919飞机的复合材料结构研制工作，这在当时是横在型号面前的一个重大"拦路虎"。由于国内工业基础的薄弱，对"正向设计"认识的不深入不全面，多家供应商的产品质量均无法符合预期。我深知此时要面对的已不止是中国商飞自身的困难，更是国内航空制造业多年的顽疾。但我和我的团队坚定地相信"实践出真知"，一方面，学习国外成功经验和模式，掌握底层的逻辑和原理；另一方面，结合国内实际情况对研制方案进行不断的调整和摸索，几乎每周都有新问题，每周都有新变化。

检测工件表面平整度

就在持续不断的摸索、碰壁、总结、优化、调整、再探索之后，经过近3年的持续攻关，我们终于把C919飞机复合材料结构的成熟度提升到了令人满意的水平。不仅如此，与我们合作的国内资深航空制造企业和业界专家也都深深地认同了中国商飞复合材料研制模式，我们的努力正在由量变转变为质变。

■ 学无止境　探索未来

经过公司上下的不懈努力，C919这一承载着国人梦想的民用大型飞机即将取证，实现商业运营已指日可待。而从2021年起，我又有了新的岗位和使命。作为公司复合材料设计副总师，我开始需要更多地思考未来技术的发展和变革。

2021年7月，我有幸再次回到清华园，在母校接受了一个月的"技术前沿"

课程学习，对"工业互联网""区块链""大数据""工业机器人""系统工程"等科学技术前沿有了全新的认识和了解，很多理念得到了冲刷和更新，并深刻地感到要做的研究更多、更急迫了。

随着ARJ21的运营绩效日益增长，随着C919的交付运营准备日益到位，在过去的13年间，中国商飞一直不断努力使自己成为世界一流航空制造企业。虽然目前我们距离波音、空客还有不少的距离，但我们的眼光已经不止于追赶，而着眼在了超越。颠覆目前航空制造业的未来技术会是哪些？引发新一代革命性变革的技术又有哪些？有幸在中国商飞，有很多同事和我一起在思考、在尝试、在实践。我现在和我的团队讨论最多的话题，就是"十年后我们在做什么"。

新的征程又一次开启，而我也乐意再一次接受挑战。

毕竟，只要坚定地从最基础的事情开始做起，面对未来，我就毫不畏惧！

在电脑端查看飞机结构图

写于2021年10月

汤家力，清华大学2009届博士毕业生，毕业后赴中国商飞公司工作。现任中国商飞复合材料设计副总师，C919复合材料结构集成团队高级项目经理，复合材料中心专业技术部部长。

裴颢：从清华到哈佛，再到我的归国创业之路

我从清华到哈佛，从读书到创业，一路走来，似乎并没有什么痛定思痛或者彻夜难寐的艰难决定，一切都是基于当下分析后得出的判断。在此，我仅仅把一些自己觉得有意义的思考和有意思的经历分享给学弟学妹，供大家参考。

我是一个典型的理工男，但如果硬说有些什么不同的特质，就是我喜欢尝试新鲜的事物。

2006年，凭借物理、化学两门奥赛一等奖，我被保送到清华。在清华的四年是美好而难忘的。我是一个对很多事情都充满兴趣且喜欢尝试的人。大一的时候，第一次离开家，也是第一次独立地在一个陌生的城市生活，我觉得自己有无限的精力。看到紫荆园、桃李园食堂前面各种社团的招聘，一下报了四五个社团，还参加了学生艺术团，进了系学生会做干事，等等。那时候，我每周训练三次国标舞，奔波在各种社团里，还为系里的学生节拉赞助，等等，忙得不可开交，但是我特别享受这种忙碌。很快一年过去了，我发现自己的精力都分散在各个繁杂的事务中，并没有集中精力做任何事情。社团、学生工作成绩一般，学分绩点也差强人意。于是从大二开始，除了做志愿者，我把所有的时间都泡在了图书馆里。新馆是我常去的地方，几乎每天都自习到晚上10点钟，当闭馆的音乐响起，才骑上车回宿舍，周末也是不落下，寒暑假也只回家一两个星期。当时觉得只要学习好，路子就会宽，也并没有什么明确的目标。由于兴趣广泛，我自学了PS、摄影等诸多技能，偶尔也会看看创业的书籍（这些其实我自己都不记得了，后来从美国回家翻家里书柜的时候，才发现原来当时读了不少创业的书）。大三的时候，和同学在一起聊天时，萌生了出国的想法。想做就做，于是我和同班的好朋友开始上新东方，背单词，准备各种文书，然后是和师兄师姐讨教出国经验等一系列标准动作，最后实力加上运气，我拿到了哈佛大学的录取通知书。

2008年做北京奥运会志愿者

于是我就这么离开了清华,在美国一待就是10年。在美国的10年时间里,读书、工作、创业,兜兜转转做了不少事情,最终选择了将回国创业作为我的事业。

■ 努力把各种经历都变成对自己有正面意义的人生阅历

刚到美国的时候,我没有很好地适应,这种状态用了近一年才慢慢缓过来,比一般的人慢了一些。语言是第一个大问题,上课不能100%都听懂,下课以后要花很多时间复习。和外国同学的交流总会感觉"英语不能表达出来我想说的话",甚至连去超市都不知道买的是什么。孤独感是第二个大问题,同在哈佛的同学学习都很忙,我也不好意思总是打扰大家,所以我很多时候都是一个人,晚上会静静地在学校里转圈。那个时候我会经常去参加各种party来缓解孤独,但是party带来的快乐是极其短暂的,可能从party出来不到10分钟就会立马陷入孤独。孤独感的困扰会超越语言障碍的问题,所以我后来会抓各种人聊天,包括客服、街上的流浪汉都是我主动搭讪对象。我还会参加网络召集的陌生人线下主题聚会,里面有各种工薪阶层的美国人。现在回想起来,这段时间我的学习效率是不高的,科研也没有特别好,当时是很痛苦的,但放在更长的时间维度来看,这并不是坏事。这段时间,我和不同文化背景的人聊了很多人生理想、聊了很多文化碰撞的话题，聊了很多美国百姓的经历。这些是一般博士生不太常遇到的，却让我在很多层面有了深度的思考，一些能力也有所提高，其中的收获我至今受益。在后来的学习生活中我逐渐发现越来越多这样的情况，一般人可能看来不那么顺利的一件事情，换个角度看，或者放到另外一个时间、空间里看，其实并不糟糕。再进一步领悟，就是任何经历，即使在当下，也可以从中找到对自己的意义，不要抱怨自己的遭遇，要好好从逆境中发现宝藏。

■ 学会问出好的问题

我在哈佛当了一个学期的助教以后才找到了我的恩师 David Weitz 院士。他是微流控领域的奠基人，也是最新微流控领域研发方向的引导者。和他的第一次聊天就有如沐春风的感觉，我深受鼓舞，同时也深深地意识到怎么样才称得上是真正伟大的教育家，David 无私地、无比宽容地把他的方法和认知传授给学生。在 WeitzLab，我把大量时间都花在了实验上，这也为后来的技术创业打下了扎实的基础。时间长了，我和导师也成为了很好的朋友。我会把科研上和生活上的一些问题都和导师交流，很多时候都是聊到凌晨，最晚一次我回

在加工车间操作铣床

到家已经早上 6∶30 了。Weitz 院士非常善于鼓励人，每次聊完，我都会感觉充满力量。除了这种人格魅力，我印象最深的还是导师的观点：最聪明的人永远要问出好的问题。这也是我后来工作、创业中最受用的一句话。遇到各种事情，不管经历过还是没有经历过，都要跳出条条框框，尽量站高一个维度去看问题，永远逼自己去问出更好的问题。

■ 有时间、有能力的话多去开阔一下眼界

在美国读书的日子里，时间比较自由，我利用一些假期去了不少地方，这些其实对我的帮助是比较大的。在秘鲁感受印加帝国宏伟的同时，也感慨文明的差异，在玻利维亚波多西感动于当地淳朴的民风，又感慨一个城市的衰落，在伊朗受到像明星一样的待遇，在乌克兰感受到肉眼可见的战争创伤，因此萌生从未有过的对和平的渴望，等等。这些漫无目的深入世界角角落落的旅行，给我这个纯理工男的心里增加了一些人文色彩，也教会了我任何时候都不能丧失热爱生活的能力，这个能力对逆境中的人特别有好处。

■ 先干起来再说

读博的时候，中国早期的种子基金常到美国去开班讲座，我也是这些讲座里的常客。后来我在哈佛创办了风险投资俱乐部（Venture Club），主动接触不同类型的创业者，并邀请他们来给同学们做讲座，久而久之对资本有了一些概念。快毕业的时候，本着说干就干的原则，我和同学做过国际贸易，不到两年的时间销售额就达到了"小目标"，赚取了人生第一桶金。博士毕业时，恰逢David教授有合适的项目，我也有团队和资本的积累，一拍即合就红红火火干起来了。其实现在想来，技术创业可能不是当时利益最大化的选择，但是我很庆幸的是，我没有在道路的选择上犹豫，徘徊不前，而是大胆地凭着自己的对生命健康领域的热爱和直觉往前走。

我创立的墨卓生物以自主创新基因检测和微流控芯片技术为核心，拥有单细胞测序、数字PCR两大产品线，是集仪器、试剂、生信软件的研发、生产、销售于一体的整体解决方案供应商。4月15日，墨卓生物刚刚发布了全新的MobiNova-100高通量单细胞测序建库解决方案。回顾创立墨卓生物的近4年，公司在国内的发展稳步却又快速，从不足10人增长至70余人，从公共办公区换到嘉兴、上海两大办公场地，从数字PCR到单细胞方案的发布。同时，墨卓生物也越来越受到资本的青睐，2021年刚刚完成1.5亿元的A轮融资，今年新的融资也即将关闭。

清华的同学都很优秀，有的时候选择太多，在做决定上花了太多时间，导致后来反而想不清楚了。我个人的观点是：在很多关键时候，直觉还是很

重要的。2020年,我决定回国也是在很短时间内做出的决定。我还是认为很多事情需要说干就干的激情和持之以恒的勇气。

墨卓生物 MobiNova-100 发布现场

目前我已经全职在国内创业,也加入了清华的青年创业组织,每次和大家聊天总会有新的启发。感恩清华,这注定是与我人生道路上一路相伴的。

写于 2022 年 4 月

裴颢,清华大学机械系2010届本科生,毕业后赴哈佛大学攻读博士学位。博士毕业后,回国创立以自主创新基因检测和微流控芯片技术为核心的公司墨卓生物。

方鹏飞：鹏飞千里，十年一日

在"二重"（德阳）重型装备有限公司 160MN 水压机参观走廊的留影

■ 一见如故投身"二重"

为什么选择"二重"？为什么来到四川德阳这个三线小城？提到这个就业选择，方鹏飞直言是受学校就业引导的影响：在大学的一次实验课里，材料加工系列实验课授课教师、系党委学生组组长马明星老师和同学们聊起了职业规划问题，老师鼓励大家放眼京外，到国民经济的主战场去建功立业，并向大家推荐了中国第二重型机械集团公司这个企业。

课后，方鹏飞就搜集了一些关于"二重"的资料。"中国最大的重型机械制造企业和重大技术装备国产化基地，关系国民经济命脉和国家安全的重要骨干企业，科研实力雄厚，拥有国家级技术中心下设的多个专业研究院所"，巨大的发展平台让方鹏飞很是动心。毕业前时任系党委书记单际国老师带着他来到"二重"参加就业实践，当看到气势磅礴的 160MN 水压机时，他的心中莫名地产生了一种亲切感,"这应该就是母校一直说的大舞台,是我们能够干事业的地方"。这次就业实践让方鹏飞下定了决心投身到"二重"的建设与发展中,工作多年后依然无悔当年的选择。

"我要结合重型装备发展的新形势、新要求不断去努力练就过硬的岗位本领,不仅从书本中学,更要肯吃苦、不怕累,在基层一线的实践中学习,不断在磨砺中实现本领增长、能力提升。"这是方鹏飞在参加"青年马克思主义者培养工程"学习时的交流发言,也是他就业选择和多年工作的真实写照。

■ 不忘初心　砥砺奋进

入职以来,方鹏飞十年如一日地坚守自己当初的择业初心,在他入职的第三年,"二重"与国机集团实施联合重组,"二重"成为了隶属于中国机械工业集团的子公司。联合重组后,"二重"经历了改革脱困、振兴发展等多个阶段。在改革脱困的过程中,他身边有许多同龄人选择了离开,但他从未产生过离开的念头。在交流的过程中,方鹏飞没有什么高谈阔论,也没有什么豪言壮语,他坚守的理由很简单:就是自己始终相信"二重"肯定会好起来的,因为"二重"在重型装备领域底蕴深厚,加之有国家、国机集团的大力支持;并且,自己既然认准了、选择了,就要坚定地走下去。

2018年6月,作为团十八大代表参加中国共产主义青年团第十八次全国代表大会

10年来的坚守，方鹏飞先后在机械设计、锻造工艺、一线车间、生产管理、质量管理等多个岗位锻炼、成长，先后完成了重点项目的齿轮箱设计、核电蒸发器一次侧封头的翻孔工艺开发、200t以上锭型达200多支的石化容器三大项目的生产组织管理……谈起自己的工作岗位经历，方鹏飞说：大学期间，学校高强度的训练、锻炼形成的学习能力对自己快速进入岗位角色帮助很大，尤其在做毕业设计期间，在马庆贤老师悉心指导下，自己在锻造领域的技术研究能力进步很大，这也为自己工作后从事极限锻造打下了坚实基础。

■ 天道酬勤　积厚成器

谈及这十年的成长历程，方鹏飞觉得工作要舍得吃苦，肯吃苦。他曾经在拥有160MN水压机的水压机锻造车间一线工作了近3年时间，先后担任技术组组长和生产技术主任，虽然感觉脱了一层皮，但也是在这宝贵的3年积累了丰富的一线实践经验，这为他后来在生产部和质量部的工作提供了有力的实践支撑。水压机锻造车间工作环境很艰苦，那里实行四班三运转，工人24小时轮换上班，夏天在车间干半天活，工作服上就是一层雪白的盐花。在车间的3年里，他几乎每天晚上12点才到家，有时睡到凌晨三四点又被电话吵醒喊去车间，无论

一家三口在四川省德阳市东湖山公园的合影

是周六还是周日，也几乎都在车间泡着，"虽然很累，但很快乐"。说到这，他强调要特别感谢他的爱人和家人，"因为在水压机锻造车间工作最忙的时候，大女儿快出生了"。在这段时间里，他的爱人和家人默默地支持着他，使得方鹏飞能全身心地投入工作中去。如今，方鹏飞已经从当年只身前往德阳的小伙变成了四口小家的家长。10年的历程，他收获了爱情，收获了幸福，收获了成长。

"非常感谢学校当时的引导让我做出了正确的选择;也感谢"二重"这十年来的悉心培养,让我成长。希望未来能有更多的清华学弟学妹选择"二重"、加入"二重",共同为国家重型装备制造业的发展贡献清华人的力量。"

一家四口的幸福生活

在"二重"(德阳)重型装备有限公司锻造厂工作期间的留影

写于 2020 年 5 月

方鹏飞,清华大学机械系 2010 届硕士毕业生,毕业后选择到"二重"(德阳)重型装备有限公司工作。

曹政：基层电网人的调度追风十二年

我叫曹政，2004年考入清华大学电机系。2011年硕士毕业时，在学校多年的教育熏陶下，回到GDP全国倒数第五的家乡，结合自己专业所长做建设，成了我自然而然的选择。最终，我通过校园招聘，进入国网吉林省电力有限公司工作，至今将满12年。

在这12年里，我的关键词只有2个：调度、风电。工作的前6年，我一直是电网的调度员，同时是调度员中的风电专工；工作的后6年至今，我在调度中心的新能源处工作，岗位是风电管理专责。

■ 调度：电网中的"隐形人"

随着近年来中国的快速发展，中国的用电量已于2011年首次超过美国，成为世界第一，现在用电量已经超过美国接近一倍。同时中国电网也是世界上唯一一个近40年来没有发生过大规模停电事故的大型电网。中国电网之复杂，电网结构之坚固，已经冠绝全球。而维持这个复杂电网24小时不间断向前的驾驶员，就是电网调度。

电网整体分为国—网—省—地—县五级调度，其中省调主要负责省域内发电和用电的实时平衡。由于用户的随机性较大，我们要一刻不停地调整发电，保证电网的实时秒级平衡。我们常说，电网目前采取的是"呼吸式服务"，电力作为一刻不能停的资源，已经像空气一样自然而然地存在，却鲜有人了解在这背后电网人所做出的努力。电力调度很少直接接触用户，对大多数普通用户来说，我们是不存在的"隐形人"。而一旦我们被推上前台，那就说明电网出现了较大的事故，比如，2021年9月月底，东北电网限了民用电，调度就被推到了"千夫所指"的位置。相较而言，做一个"隐形人"反而是我们的工作目标。

作为一名调度员，每一个决策都要迅速而准确。在电网出现大型事故的时候，留给调度员的决策时间通常不超过5分钟，很多事情是来不及层层汇报，让领导决策的，如果决策不及时果断，不敢承担风险，那很容易酿成严重后果。我们上学时反复分析的"8·14"美加大停电,在中国根本不会发生,因为在出现电网崩溃的苗头时,中国的调度有权力立即解列部分用户来保整体大电网安全,虽然事后要写各种分析调查报告,应对各种质询。2021年9月月底,这样艰难的选择,东北的各级调度做了不止一次。而美国的调度没有这个权力,只能看着系统一步一步彻底崩溃。公众在质疑9月23日东北网调签发的拉闸限电预警单是否合理,然而,他们不知道从2021年6月起,这样的预警单我们已经签发了差不多有40张,不过一直到真正出现拉闸事故,才将调度推到了风口浪尖上。

做出正确决策需要调度员将比交通图更复杂的电网,将近一人高的各种参数资料,深深铭刻在脑子里,形成肌肉记忆,清楚每一个风险点和可能带来的连锁反应。因此需要用至少两年的时间,由师傅带徒弟,通过无穷无尽的推演、测试、模拟事故处理,甚至有时要经过实际事故的洗礼,才能培养出一名优秀的调度员。同时由于不同省市的电网虽然底层逻辑相同,但具体情况各异,因而这使得每一个调度员都是极为珍贵、不可替代的人才资源。

新冠疫情发生后,调度员也因其不可替代性,成了比医务人员更"稀罕"的存在。在任何一个城市出现疫情的任何苗头时,调度员就要开始封闭管理,隔绝于家庭和同事之外。他们永远是一个城市里最早封闭最晚解封的那批人。当年在武汉,我的同班同学封闭了90天整。哈尔滨的同事,由于疫情经常反复,两年封闭了300天。今年的长春,作为调度的支援人员,在封闭57天后我正常解封了,而仍在调度值班的兄弟封闭了64天才解封,一个兄弟从孩子出生第10天就被封闭,孩子完全不认识他了。

参加国网青创赛

■ "地球不停转，我们不放假"

电网调度可以说是真正的"地球不停转，我们不放假"的职业。

吉林省调倒班模式为"五班三倒"制，每班大概8小时。对个人来说，我的上班模式是第一天上午8点到下午16点，第二天白天休息，晚上23点上班到第三天上午8点下班，第三天基本要睡一天，第四天上午休息，下午16点上班到晚上23点，第五天终于能正常休息一天后，准备开启下一个循环。这个模式没有节假日的概念，全年无休，永动循环，个人的生物钟永远在倒时差。不论任何时候，我的最长休息时间就是32个小时，补觉的时间要计算在内，导致我虽然离老家只有150公里，但回去的次数屈指可数。值班6年，我几乎没有休过假，值过两个大年三十，四个初一，因为任意两天，我必须要上一个班。这些年也赶上过台风、地震、暴雨、冰灾，在大家因为恶劣天气躲在家里埋怨的时候，对于我们调度来说就是又一个不眠夜。

同事以前写过小品笑称："我们的工作是'5＋2''白＋黑'，别人上班我休息，别人休息我上班，打麻将永远一缺三。"记得有一次一个多年不见的老同学周五晚上9点半给我打电话，说在长春刚工作完，找我聚聚第二天早上飞走，我告诉他我晚上11点要上班，只能下次。同学当时就不高兴了，说周五晚上，你不想见，编也要编一个好点的理由，我只好跟他解释了10多分钟。但是电网工作的特殊性，以及调度工作的高强度性，使得电网只能采用这种倒班模式，来保障电网运行的"0失误"。

在值班的6年里，我印象最深刻的是2014年刚过完春节。当时由于一些政策上的调整，值班人员从16人缩减至12人，补员的人要求半年以后才能加入，导致5个班的调度平均只有2人。不巧的是，那时我突发阑尾炎，不得不做了人生中第一次也是唯一一次手术。做完手术后3天出院，由于没人值班，术后第5天就上岗了。但由于那时体重太重，伤口出现了脂肪液化现象，迟迟不愈合。上班8小时坐下来，血水经常透过纱布蔓延到外裤上。加上我负责的风电调试项目进入关键攻坚阶段，白天经常还要来加班调试。我在单位备了厚厚几卷纱布，好几条睡裤，出了问题就赶紧换，这样坚持了将近一个月，伤口才彻底愈合。

清华电机系毕业生从事电网调度并不少见。我们本科班30名同学，进入各省省调的有8人，有6人在调度岗位上奋斗过。

■ 新能源路上的"追风者"

2020年年底，中央正式提出构建以新能源为主体的新型电力系统，新能源再次被推到风口。我国新能源的发展是从风电开始的，2015年开始转入光伏和风电并重，最近两年开始进入储能、氢能等新型能源的新时代。吉林省作为全国最早建设风电的省份之一，建设了全国第一个省级的风电预测系统，第一个省级风电功率自动控制系统（后文简称风电AGC），也是全国最早开始风电弃电的省份之一。我入职的这12年来，有幸亲身参与了吉林省新能源管理从无到有、从有到精的全过程。

风机仰拍

2014—2015年，我作为调度的风电专工，主持了全国首套省级风电AGC的调试工作。在没有AGC的时候，调度只能不眠不休地盯着风电出力，由于"三公"调度的关系，当需要调整20万千瓦出力的时候，调度必须要给42座风场挨个打电话，每座风电场调整5000千瓦，而不能仅调整一两座风电场的出力。但往往一轮电话没打完，调整量已经变了。当时国内外都没有成熟的经验可供借鉴，只能靠我们自己摸索。AGC系统通过国网科技项目立项，由吉林电网公司委托清华大学电机系合作开发。我跟当时还在做博士后的王彬师兄搭档，一次次地迭代主站算法，去一座一座风场子站调试攻坚。由于风电的反调峰特性，每次调试都要"等风来"，大多数调试都要在夜间进行。当时我还在调度三班倒，上班时间基本变成了有风的时候我就在岗，最长记录是连续在公司待了3天没出门。经过一年多调试，2015年吉林公司在全国率先实现了AGC系统的全覆盖。直到今天，AGC系统经过了多轮迭代，仍是吉林电网新能源运行管理的核心系统，不过覆盖的场站从42座变成了140座。2016年，此项科技项目获得了吉林省科技进步一等奖，是吉林电网公司获得的第一个省部级科技进步一等奖，我有幸获得了署名。

2017年4月，在调度值班将近6年后，我正式调入吉林省调新能源处，成为一名风电专责，我的生活节奏终于与大多数人同步，也终于有了假期。

在主持风电高穿改造、新能源涉网安全检查的时候，基本都持续一两个月很少回家。新能源场站普遍都在人迹罕至的区域，多数场站离最近的县城都有30分钟以上车程，场站人员素质参差不齐成了电网中的薄弱环节。在2017年首次开展新能源场站安全核查时，我们在现场检查出了两座光伏电站的保护错配并指导电站进行整改。如果这两座光伏电站发生故障，会直接导致电站所在县城整体停电，这次现场检查为电网安全和民生保障排除了重要的风险点。在新能源处工作的这6年，省调直调的140座新能源电站我实地跑了超过100座，成为吉林电网调度对新能源电站情况最熟悉的人。我的电话也成了吉林省新能源场站的热线电话，每天咨询业务的场站络绎不绝。

2015年和2016年，吉林省新能源弃电率超过30%，是全国弃电率最高的省份。在我们电网人的多方努力下，"十三五"期间吉林省的新能源弃电率迅速降低，2019—2021年，弃电率都维持在了3%以内，新能源场站的运营情况和收益状况都大幅改观。

在长春南湖公园

我在依靠科技创新解决问题的过程中，也获得了两项省部级科技进步一等奖，是吉林电网公司迄今获得过的仅有的两个省部级科技进步一等奖。我们与清华大学电机系孙宏斌教授组合作的"多能流协调优化控制"项目，是孙老师获得国家科技进步二等奖的重要成果之一。

而我也将继续奔跑在守护家乡电网的追风路上，以实际行动为家乡振兴做出自己的贡献。

写于2022年5月

曹政，2004年考入清华大学电机系，2011年硕士毕业后入职国网吉林省电力有限公司工作，担任调度员。

周水祥：下百村，入千户，清华硕士在广西基层

周水祥个人照

我工作将满9年，一半时间工作在市直机关，一半时间工作在乡镇基层。2011年我毕业时还在拍摄、2018年年初上映的电影《无问西东》，很多校友都看过。社会上很多人说这是我们清华的宣传片，这姑且不论，我们每个时代的清华人，确实都在追寻着内心的真善美，都在前赴后继报效祖国。很多校友用自己的行动把校训"自强不息、厚德载物"写在了祖国的大地上，他们身上都有着强烈的爱国情怀和为民情怀。

当年，在我们法硕84班，我担任班长，我清晰地记得52个同学中有22个选择了公共服务部门，其中，去基层的超过80%，也正是基于这个重要原因，我们班获得了"启航奖"集体奖。我以作为这样一个班级的一份子为荣，更为母校给予我的"清华人"身份为荣。下面我分享一下自己的亲身实践和内心思考，供大家参考。

■ "管"扶贫、学本地话：与基层公共服务初步结缘

我到乡镇工作之后，先是在北海市合浦县西场镇任副镇长。当时我分管了一项工作：扶贫。2015年9月，那时还没有"脱贫攻坚"的提法。但很快，这项工作成为了"十三五"期间的一号工程，"'脱贫攻坚战'的动员大会"，

就在我到任的一个月之后。

到任后下村工作的第一天,我和村干部、村民之间都很"客气"。我讲普通话,村干部和村民讲廉州话。他们讲话,我笑笑;我讲话,他们也笑笑。我是没听懂;他们是听懂了,但不知道讲普通话,整个西场镇都是讲廉州话(廉州话是粤语的一个分支)。我是江西人,在市委部门工作的四年也都是讲普通话。所以,当时摆在我面前的第一道关就是语言,我压力很大。咬着牙,我拿出当年学英语的劲头,对比了很多资料后买了一本奇书——《粤语会话三月通》。

尽管廉州话只是粤语的一个分支,发音并不完全相同,但毕竟是同一个语系。这本书里有系统的"粤语概说和语音"介绍,包括粤语声母、韵母和声调,非常适合系统学习,而且配了书和光盘。我当时几乎是随身带着、随时学习,手机和mp3播放器里面也都拷贝了。后来,有上级领导到贫困户家慰问或者核查,我都是翻译。从2016年开始,这本书就在北海的选调生中传阅学习了,2019年还在一个刚到乡镇工作的博士选调生手上。

从2015年的精准识别到2020年收官,我已近全程经历"十三五"脱贫攻坚工作。"管"扶贫、学本地话,这是我与基层公共服务的初步结缘。

■ 了解基层:从下百村、入千户开始

在逐步解决语言问题的同时,发生了一件让我非常震惊的事情。2015年11月19日,西场镇西坡村村民毛某某,到县信访局和扶贫办告状,共告我三条:业务不熟,精准识别评估分数审核不严;和村干部沆瀣一气,对他们家有偏见;作风官僚,没有实地全面核查。总之,我没有把他们家评为贫困户是错误的。我一直在市委部门工作,那个时候对"告状"的"心理承受范围还比较小",心情复杂。

我经历了工作当中的两个第一次:第一次,有人就我分管的工作"告我";第一次,有人到信访部门上访"告我"。鉴于该村民说的情况部分属实,后来,我和镇纪委书记一起到他家,对照《评估表》和政策文件,一项一项核实并答复。我后来起草的答复书,至今为止,还是我们县在这方面工作的样本。但是,这件事给我极大的警醒,也改变了我的工作方法。

从那以后,无论是在哪个乡镇,我要求自己做的第一件事就是实地全面地掌握全镇的情况,摸清贫困户的家底。现在文件要求乡镇党委书记遍访贫

困户，我其实在两年前早就走遍了。我有一个习惯，就是记日记，坚持了很多年。现在我的日记里还能找到不同时期从事扶贫工作的记录和思考。走访贫困户的时间都是挤出来的。很多时候，我都是中午不休息，再利用早上、晚上和周末的时间去走访。通过自己走访，以及要求乡、村干部按照这样的标准走访，掌握了全镇的情况，解决了以前"不知道扶谁"的问题！

夜访贫困户（后左一）

与村"两委"干部、村民代表座谈（右三）

■ 带动地区经济发展：清华人在基层工作的重中之重

带领贫困户脱贫致富，这是时下西部地区的重要任务。2019年3月，我到合浦县石康镇担任党委书记。针对梳理出的全镇扶贫产业不强等突出问题，我走遍了每个村（社区），并结合石康镇的实际，拿出了一个解决问题的思路：即因地制宜，走一条产业扶贫之路，使贫困户在发展大洪流中脱贫致富。这一指导思想也是受我们北海市委主要领导启发，是我想分享给校友们的一句话："我们是清华毕业生，受过高等教育，到基层工作必须要有经济思维，不能再用传统的搞法，要用发展产业的模式去推进脱贫攻坚，去带领地方发展。"

这其中，我们首创的村、企产业合作"管理费模式"对发展村级集体经济有路径示范意义。探索这个合作模式的过程中，我仅仅在2019年4月份一个月就密集考察手机配件厂、塑胶花厂、皮包厂和服装厂等劳动密集型企业11次，并主持召开专题会议5次，主持谈判协商会8次。

在与贫困人口共筑脱贫致富梦的同时，怎么样带领更多的老百姓发展，从而带动地区经济发展，这都是清华人在基层工作的重中之重。

带队考察服装厂（右二）

■ 防控新冠肺炎疫情：有理念的实践，也有痛点

这次防控新型冠状病毒肺炎疫情，对很多乡镇基层的同志来讲，是一次综合素质的全面考验，也是从政理念的大检验。我全程参与并指挥了辖区的疫情防控工作，既是指挥员，也是一线战士，过程中既有理念的实践，也有痛点。

检查石康镇中心卫生院防疫情况

一方面，突出科学有序防疫。防疫是技术活，不是蛮干、简单的思想重视和人海战术能防控住的。弄不好，还会造成更大范围的人员感染和时间上的被动。我是卫生健康方面的外行，恶补了很多课，也随时关注疫情变化和专家意见。总之，要讲求科学和有序。另一方面，依法防"疫"。疫情防控，是卫生健康问题，更是社会治理问题，需要严格依法、尊法、守法，才能为疫情防控工作提供有力法治保障。采用非法手段防疫，不亚于饮鸩止渴。这一点，特别需要和校友们强调。

由于对新冠肺炎传染性的恐慌和应对经验缺乏，本次疫情防控工作中也有痛点和不足，这是我们需要总结的。

最后，希望有更多的校友到我工作的地方交流。也希望这次的分享，能给面临人生选择的师弟师妹们一些积极启发，能有更多的校友到基层广阔天地做出一番事业。

写于 2020 年 4 月

周水祥，清华大学法学院 2011 届硕士毕业生。毕业后赴广西做选调生。

苗昊春：从清华到兵器，一位兵工人的选择与坚守

苗昊春个人照

■ 求学：做一生有益于祖国和人民的人

2004年，中国兵器工业集团与清华大学开展战略合作，开始联合定向培养本科生，我是首届清华兵器定向班——兵四班的一员。

2004年兵四班参加新生运动会

兵四班自成立就带着使命，开班仪式在中国北方车辆研究所召开；此后每年暑假，我都会随班级去兵器研究院所或制造集团进行实践活动。在专业实习过程中，我参观了大量实装产品，并且有机会与科研、生产、管理等一线兵工人接触和交流，这些经历加深了我对兵器行业的了解，也为日后的工作打下了基础。

进入大三后，我开始参加竞赛和SRT项目。兵四班的同学来自机械、精仪、汽车、电子、自动化、材料6个院系，这一点在组建跨系队伍时体现出巨大的优势。参加"挑战杯"、虚拟仪器大赛、数学建模大赛等不同类别的比赛不仅丰富了我的体验，而且对我的科研发挥了启蒙作用。

在校期间，清华又红又专的氛围深深地影响着我。作为新生党员，我一直积极参加学生工作。大三时，党支部开始建在班上，我从那时起任支部书记直到毕业。还记得两周一次铁打不动的组织生活、包罗万象的"兵四论坛"，大大小小的活动无数，有时忙得吃饭都顾不上。2007年，兵四党支部在200余个本科生支部的评优中排名第一，受到表彰。这是我很为之骄傲的一段经历。

大四，我终于迎来了决定人生命运的双选会。兵器工业集团组织21家单位来到学校，专门为我们班召开双选会。通过三年的实践，我很早就确定了去向，仅用时5分钟就与我现在工作的西安现代控制技术研究所完成签约。

2008年7月6日，时任清华大学党委书记的陈希老师把我们几位同学叫到办公室，像父亲一般语重心长地勉励我努力成为中国兵器行业的栋梁之材，为祖国的国防工业建设贡献自己的力量，并题字一幅："做一生有益于祖国和人民的人。"第二天，我带着母校的嘱托坐上了前往西安的火车。临行前我感慨万千，写诗一首：

七律·出征

久怀拳拳报国志，十载寒窗今扬帆。

挥斥方遒书生意，高屋富贾若等闲。

兴国强兵巨龙腾，魑魅魍魉肝胆寒。

旌旗飘扬八千里，映我丹心一万年！

■ 初出茅庐：新长共勉，协力而战

2008年，来到研究所的我成为了初出茅庐的兵工人。我被分配到第五技术部，从事飞行器制导控制系统的研发，师从清华大学自动化系慕春棣教授和西安现代控制技术研究所马清华博士，继续接受清华大学和兵器工业集团的联合培养。

硕士期间，我承担了重点型号、预先研究等多个项目的设计、仿真、联试、外场试验等大量工作任务，这些历练让我迅速成长，收获颇多。研制团队有几十个项目组近300人，每一个专业都有输入输出，有上级和下级设计系统。每个人都像"螺丝钉"一样，推动着整个项目像一台精密的机器不断运转，这是团队精神。我深刻意识到单打独斗是绝对行不通的，而是要融入集体，要沟通协调，要团结协作。在项目的研制过程中，我被许多兵工人身上无私奉献的精神和始终如一对事业的热爱所感染。仿真专业的喻老师在做完结石手术的第二天就出现在实验室里；年轻的射手同志在孩子出生之时仍然坚守在靶场。为了项目的推进，我自己常常加班出差，有时也感觉劳累，但一想到老一辈兵工人白手起家的艰辛，想到老师们数十年如一日坚守岗位的敬业，想到自己参与研制的武器装备将来有一天在天安门前接受人民检阅时内心的自豪，我觉得自己承受的苦和累根本不算什么。

在技术部我也曾担任工会委员、团支部副书记、通讯员等，负责党团文体活动的组织与宣传，我能够快速胜任这些工作，得益于在校期间学生工作经历。

2011年，硕士研究生顺利毕业后，我更加坚定了自己作为兵工人的使命感，成功考取了西北工业大学航天学院博士研究生，在航天器及导弹制导与控制系统领域进一步深造。

■ 攻坚：兵器之辉煌可计日程功

从2013年起，我开始负责我国陆军射程最远的"撒手锏"武器制导控制系统的研制，直面与航天科技、航天科工集团的同台竞争。在兵器集团缺乏研制经验的情况下，我和项目团队创造性地采用新方案，经过多年攻关，最终竞标获胜。2018年,我担任兵器集团某重大专项副总设计师,突破吸气式高超声速飞行器制导控制技术,在我国首次实现某领域武器的工程化。2020年,我担任火箭军型号竞标项目副总设计师,未来为火箭军形成新质作战能力、为国家重点方向军事斗争提供强力支撑。

2019年在大雪天进行高原试验

工作10多年来,我取得了一些小小的成果和荣誉,但我深知这并不是因为我个人多么优秀,而是因为我投身到兵器事业,在与研究所共同成长的过程中所实现的个人发展。

清华园曾教我们"立大志,入主流,上大舞台,干大事业",干国防就是入主流,干兵器就是干大事业!人民兵工是我们党领导和创建的第一个军工部门,一代一代的兵工人,用汗水铸就了"自力更生、艰苦奋斗、开拓进取、无私奉献"的人民兵工精神。在我身边,王兴治院士所代表的老一辈兵工人,白手起家、艰苦攻关,他们正是兵工精神的缔造者,兵器首席专家、科技带头人和中青年科技骨干则是兵工精神的践行者。不知不觉,我的身上也已经刻上了兵工人的烙印。

作为一个年轻的兵工人和清华大学毕业生,我一定秉承"把一切献给党"的崇高信念与发扬清华大学"行胜于言"的校风,铭记使命,奋勇攀登,为实现新时代中国兵器工业的高质量发展贡献自己的力量，不辜负母校和兵器工业的期望！

写于 2022 年 4 月

苗昊春，清华大学自动化系 2011 届硕士毕业生。毕业后赴中国兵器工业集团工作，现为西安现代控制技术研究所五部副主任，主要从事飞行器制导控制系统的研发工作，担任陆军某型号的项目总师助理一职，并以副总设计师的身份参与了火箭军某型号的竞标项目等三个项目。

陈婧霏：谱一曲仲夏的梦*

曾卓崑

■ 谱一曲仲夏的梦

"那时，抬起头看天空就觉得外面好大……院子里紫色的喇叭花都开了，串红也已经能吸出蜜来，枣树和槐树遮住一片阴凉，蝉声一阵一阵的，天空中有蜻蜓飞过……"这是作家笔下北京的夏天。陈婧霏的声音就让人想起夏天。她的声音仿佛仲夏的梦，丰富而有层次：纯净以外，还有梦幻、迷离的色彩，这声音为本是用来听的歌平添了视觉冲击力。

陈婧霏是北京孩子，在西城读书、长大，爷爷奶奶家离颐和园近，儿时偶尔去玩。她歌中所唱的"夏宫"，正是 Summer Palace。她说："夏宫，是段真实又不真实的记忆，是存在又不存在的彼岸，是我为自己创造的伊甸园。"

"与其说这是一首写颐和园的歌，不如说是陈婧霏用儿时回忆的画面写出自己内心世界的镜像。金融业出身的她有个导演梦，却又在误打误撞间进入音乐圈，开始用词和曲讲故事。在她看来，这些曲折的道路都是寻找绝对理想的过程。"这话是引用的，却很贴切。金融业出身，是说 2008 年陈婧霏考入清华经管学院，由此开始了在此领域的专业学习；说她有个导演梦，是因她曾尝试去考北京电影学院的导演系，遗憾复试没有过关。

"上学是我擅长的事，而且我确实努力学习。我是会找规律的那种学生，面对考试，有规律、有标准，我多花点时间，就能找到一些窍门、共性、技巧……"

恰是清华大学，人们印象中的理工圣殿，呵护了她的梦想，给予她逐梦的舞台。

"我大学时泡在话剧队的时间比花在专业上的时间多。"陈婧霏说。她感念清华之广阔，也感谢清华之包容，"大一大二时，在戏剧社我们更多的

---

* 本文原载于《水木清华》2021 年第 6 期。

是看戏和演戏,向师哥师姐学习,到了大三,我们成长、成熟了,就有机会做导演。我当时模仿戏剧家品特,改写了一部作品,是一对情侣演出双重身份——既演自己,又演分裂出的自己"。

在哈尔滨草莓音乐节上演唱

也许这次尝试奠定了陈婧霏的某种视角:她第一张专辑的名字就叫《陈婧霏》,"在我的设想中,陈婧霏不是我,而是一个人物,我在出演'陈婧霏'"。整张专辑,除了歌声与旋律,还有一种电影片场的感觉,有旋律,有歌词,有背景声,甚至念白,难怪专辑的介绍文字中说"欢迎走进陈婧霏的人生片场"。

■ 声音并非唯一表达

"我清醒地知道,之于我心底的绝对理想的地方是不存在的,直到我把它创造出来。"陈婧霏说自己从小爱幻想,这点有些像她父亲——一家出版社的编辑,浪漫,喜欢电影,也喜欢幻想。父亲是比较传统的一代人。他有很多影碟,当他不在家的时候,陈婧霏就自己偷偷看,由此打开了一个新世界。

在南京草莓音乐节上演唱

"我看的第一部电影是《阿甘正传》,当时就被震撼了,里面的女主角四处巡演、迁徙、流浪,那时候太小,模模糊糊的,但还是很被那个旅程感动,明白了什么是自由的状态。"

陈婧霏说自己每天上学,在家和学校来回的路上都在想怎么给自己编一个有意思的故事。"我只知道除了学习之外,我想干点儿别的,但那是什么?我并不知道。我喜欢做梦,但不知道怎么实现,这也是促使我去考导演系、去写剧本的原因,探索之后才慢慢知道那不是我的成长路径。——做导演非常难,要有资本,懂艺术,懂人,和各种人沟通。我好像只喜欢把片子拍出来的过程。那时候家里人也说,咱就是普通家庭,你也不是查尔斯王子,没法去学艺术,所以这个理想就放下了。"

清华经管的课业,她也熬过了,像许多彼时经管学院的毕业生一样,考研和出国两条路,她选择了出国,到美国去学习,还是学金融。

但在异国,在纽约,陈婧霏感到如此孤独,她向朋友哭。谁说眼泪中不会藏着自我发现,哭泣中没有破茧成长呢?!下定决心后,在美国读了半年金融的陈婧霏回到国内,一边在机构任职教英语,一边探索自己的路。

她看到了伯克利音乐学院招收硕士研究生的通告,那是伯克利招收的第二届硕士研究生。美国的音乐教育多半是本科设置,伯克利音乐学院的研究生院在西班牙马德里。2016年,陈婧霏完成了在伯克利音乐学院音乐管理专业的学习。她如破茧成蝶的蛹,当茧终于被冲出破口,所透进的光亮让陈婧霏"活"了。

"当终于转到这条路上的时候,好像一切开始变得'对'了起来!"陈婧霏说。

在伯克利时,有一次有人问她能不能写歌,会不会唱小样。"我说我不会。在那之前,我没写过歌,唱歌也没什么技巧,只是听了很多英文歌。有时候别人唱,我就跟着唱,但也没什么自信。不过他们会说,你唱得比我们专业歌手都好,因为那些专业歌手唱得太完美了,没有人味儿。我觉得被尊重,被看到了。"

再后来有人说需要一个中国人来写歌,陈婧霏就开始摸索着自己写了。她从歌词开始,因为歌词门槛低一些。"我就去研究别人写词,找了一些香港的词人去学习和模仿。再加上我课上学了MV剪辑,我喜欢在脑海里剪辑,把歌配上自己想象的画面。这跟我小时候的幻想是一样的,非常自然,用现在一句很流行的话来说就是我找到了自己的赛道,自己的语言。"

"和高考有点像,找规律的技能又用上了。我去网上搜,去拆解,怎么才能写一首歌。后来发现,一首歌首先要有和弦,如果我很喜欢某一首歌,我就去查它的和弦谱,都能查出来,比如很多流行歌曲的和弦都是1645,我喜欢的歌和弦是1325,我就把它变成一个loop。再自己哼哼,觉得好听,就可以了。第一首歌就这么仓促地做出来了,再有其后很多首歌。"

她就是这样一个女孩——自发探索的、希望表达自己的、小任性却不耽误学习的……当这个女孩长大的时候,所迸发出的能量是多元而巨大的。此前的一切积累——所做的梦、所看的电影、所学的语言、所心仪的导演、所喜欢的表演——都是养分,滋养出一个她。而对于此时的她而言,声音,从来不是唯一的表达方式。

她作词、作曲、拍摄MV……与其说成为了一名音乐人,不如说是制作人。在早前的音乐中,她就曾尝试用声音做画笔,描绘融合油画质感和胶片颗粒感的水墨画。到了这张全词曲由她创作的同名专辑,她试图用声音连接不同时空,进行一场用音乐结构电影的跨界实验。

在"在别处"巡回音乐会(广州站)上演唱

她终于可以在歌曲中唱出自己，融入自己的梦，表达思考和情绪。《人间指南》《消亡史》《深蓝》等代表作一经发行即受到行业关注以及喜爱，当唱片公司主动找上门来，当MV获得好评时，陈婧霏轻轻舒了一口气：好像，没有想象中那样艰难！

■ 有一条路通向别处

"在清华上学，我从一开始就觉得，天啊，厉害的人太多了！坦白讲，未见得同学有多热爱经管这个行业，但他们就是厉害——就是做什么都厉害，所以选择了最热门的、最有挑战性的行业。在这里做事，会很有成就感，也能解决实实在在的问题。"

"我和他们没有什么区别，没有更好或是更差。我也曾在知名的咨询公司实习，拿到工资时也很开心。我记得当时的感觉，走进国贸的公司，打卡，好像是被人拧过的螺丝钉，就在生产线上。那时候我十八九岁，没有资格抗拒，也谈不上讨厌，而且身边的同学也都在做这样的事情，很多人觉得这是很好的机会啊。但总有两个自我，一个在体验这种生活，另一个就在看、在冷眼旁观。"

在校园里，陈婧霏也唱过歌，清华有校园歌手大赛，她大三那年参加过。大礼堂的灯光无法与专业电视台的演播厅或演唱会相比，但对于陈婧霏来说，那是一个真实的舞台，"起码是一个期待，是我日常的逃离，我在寻找一些东西补偿我的压抑。当然了，也为此付出代价，自由散漫，成绩欠佳。"大四毕业的时候，不知哪个朋友提议了演唱会。包括陈婧霏在内几个想唱歌的人就自己承担成本，在学校对面过街天桥那边的一个小酒吧租了场子，也没有卖票，把朋友们叫过来玩。

希望寻找不一样的陈婧霏在叙述中，常提到"别处"。"我一直希望找到这个'别处'，因为我觉得我脑子里的世界，没有人会帮我实现，而那个世界我觉得更有意思和更安全。没有什么比创作更能让我觉得可以表达自我，让我觉得每天起床是有意义的。"

她的歌中，我们可以看到这样的寻找：

We are not in the world, the true life is absent

The place in which I'll fit will not exist until I make it

An artist of the purest kind, a poet with no poems
A musician with no tones
My life is my work that I devoted all my love to it
Cuz I believe life imitates art
我们并不身处世界，真正的生活是缺失的
适合我的地方不存在，除非由我亲手建造
有着最纯洁心灵的艺术家，不写诗的诗人
不谱曲的音乐家
我的生活即我的作品，我已将所有热爱投注其中
因为我相信，生活模仿艺术

(《生活在别处》，节选)

  人的成长是认识自己、发现自己的过程。而立之年的陈婧霏终于找到了自己。她说还记得自己当时在美国办好了退学手续，心情很痛苦，想着要回家去面对残局。最后几天，她买了一张廉价机票去纽约找朋友，后来在法拉盛（纽约的一个华人聚居区）找了个青年旅舍，一间房十几个床位，每个30多美元，就住那儿了。房间里是各个国家的人，"我大包小包，各种行李，很没有安全感。有一个黑人女孩，一直在自拍。她问我，能不能帮她拍一下。她说她从华盛顿来纽约上一个舞蹈课。我们还去了时代广场，遇到了一堆'蜘蛛侠'。为什么我现在还记得这么清楚，因为那是我人生中非常迷茫和恐惧的一天，我遇到了这样一个女孩，我的沉重仿佛被她给打岔掉了。"

"在别处"巡回音乐会·长沙站

"我从来没觉得自己会唱歌。如果我不写歌,我不会专门唱歌。我也不是去唱卡拉 OK 的那种人。我为什么一路找自己找得比较辛苦?当别人说,婧霏你喜欢音乐,我觉得不完全。其实不是音乐,我也不仅仅是喜欢唱歌,我到底喜欢什么呢?我发现我喜欢唱自己写的歌。"

"我太知道自己是怎么探索过来的,我原来不知道自己可以,但后来发现可以。"当被问起想对清华的学弟学妹说什么,她说:"很多人都说寻找自己、寻找热爱很难,有的顾及放弃成本太高,在犹豫中流失时间;有的妄自菲薄自己非科班出身,不是什么'二代',没有人脉资源……真的迈出那一步,有多难?至少以我的实际经历来说,没有难于上青天。我在戏剧社的好友,其中两位已经是专业的导演了,至少在专业领域做得不错,成为了艺术行业的从业者。艺术的门槛没有那样高不可攀。我想劝他们纠结少一些,捆绑少一些,勇敢多一些!"

写于 2022 年 1 月

陈婧霏,唱作音乐人、词曲作者、导演。2012 年本科毕业于清华大学经济管理学院。2016 年研究生毕业于伯克利音乐学院。2020 年 12 月 29 日发行首张同名专辑《陈婧霏》,该专辑由其本人完成全部词曲创作。

傅麒宁：做一名有温度的医生

刘弼城

傅麒宁不想骗人，尤其是骗他的病人。然而他却"不得不骗人"。

早在他还是一名医学生的时候，一次医患沟通课上讨论一个案例：年仅 25 岁的年轻人不幸罹患癌症。生命将终，他的父亲要求通过截肢再延长他几个月的生命。然而，病人希望能够完整地离开这个世界，却囿于父权为上，难以亲自表达自己的意愿，于是转而请求医生劝服自己的父亲。在那次模拟谈话中，傅麒宁扮演医生，他几乎没有多想就"编"出了病情好转的理由，很容易就把这位父亲说服了。父亲同意尊重孩子的意愿，不是为了让孩子躯体完整地离开世界，却是因为他还相信孩子的病情会有所好转。

实际上，课堂上的演练也在医生的现实工作中不断上演。自 2012 年从清华大学—北京协和医学院博士毕业，傅麒宁回到家乡重庆工作已近 9 年。在这 9 年中，他时常要对病人"撒谎"。有时是为了配合病人的家属，比如不少重病患者在他所在的医院救治，经过一段时间治疗，他欣喜地看到病人的病情好不容易有所好转，但就在这时，病人的家属突然来到医院，告诉医生，因为没钱继续治疗，要把病人带回家。医生前功尽弃，病人的病情将再度陷入未知不说，他还得配合病人家属共同欺骗病人，表明并不是因为经济困难迫使他们弃疗回家。

这些时候，傅麒宁会格外难受。有一位病人病情严重，在手术后伤口感染，病情加重，大小便无法通过正常的渠道排泄。为了减缓病人的伤痛，傅麒宁在网上不断搜寻资料，也向自己的师兄师姐一个个咨询，最后按照一名师兄的建议，自己尝试制作了一个引流装置，成功解决了病人大小便排泄的问题。结果不久，这个病人就被家人以经济困难的理由强行接回了家。傅麒宁难受，是因为自己曾很努力地去相信一个好的结果，却发现走到一半，不得不向着来路折返，对此无能为力。

为什么医生要撒谎？

一本题为《当呼气化作空气》的书启发了傅麒宁对"谎言"的思考。书的作者是一名不幸罹患肺癌的医生，他年仅 30 岁。他写的一段话让傅麒宁至今印象深刻："如果我还可以活三年，我会积极治疗，回归自己的工作岗位。如果我还可以活三个月，我会想给自己写一本回忆录。如果我还可以活三天，我想充分享受生活。"从此，傅麒宁不再相信医生有"善意的谎言"。他觉得那些为让病人保持良好心态，从而将病情的严重性擅自隐瞒的情况，都是对病人生命本身的不尊重。

在傅麒宁看来，生命在人的意识中像一条从一头出发的线。如果这条线一天被疾病一刀截断，人能否看到这条线的另一头，会决定他如何在剩下的线段里继续自己的生活。

"如果一个人得了绝症只能活很短的一段时间，他却毫不自知，因为每个人都有自己的期待，这对他的人生会是极大的遗憾。"一篇题为《情不可欺，爱不应骗》的文章中，傅麒宁写道，家人和医生选择谎言，看似是为了病人好，其实不过是对自己和病人的"不够信任"，"不够信任自己，有能力不依靠谎言解决问题；不够信任病人，不相信他们有能力理解、接受，并判断和选择"。而这个把信任完全抛弃，纯粹用谎言架构起来的"善意"，再美也不过只是一厢情愿。

如果能够从病人自身的角度出发，多考虑病人内心的感受，就会发现"坦陈病情"是对待病人最好的方式。傅麒宁的父亲身体不好，他选择回到家乡工作，很大一部分原因是因为自己的家人。他和自己的父母常会"单刀直入"地谈起父亲的病情，更不会忌讳去谈论死亡。在傅麒宁看来，整个中国文化体系都在回避死亡的问题，但是死亡是所有人必须要去面对的生命环节，"死亡值得认真讨论、面对"。

傅麒宁记得 2012 年自己去台湾大学医学院交换的时候，台湾的医学教育有一套成熟体系，教导医生尊重病人在生命最后阶段，自行决定跟世界道别方式的自由。他仍记得在台湾的书店里，一排与医学相关的书籍中专门有一整个书架来探讨如何面对死亡，当家人患上绝症时该怎样去面对。一次傅麒宁和父亲同在一辆车上，父亲对他说，"儿子，如果我死了，我不要××"。对于父亲突然的"安排后事"，傅麒宁并没有感到任何不适，而是回应父亲，"嗯，好"。

在傅麒宁看来，面对惨淡的真相比活在虚假的希望里好。他一位朋友的家属在医院检查出胃癌，朋友想让他站在专业医生的角度劝病人回家通过中药调理身体。傅麒宁通过咨询自己在胃肠外科工作的同事，知道病人的病情虽然早已不在早期，但仍有手术切除的机会。傅麒宁不愿以自己的职业权威配合朋友共同对病人营造出一种吃中药可以调理好癌症的假象，于是他直接表达了自己的观点："①如果有做手术机会，做手术仍然是治疗首选；②即使不做手术，吃中药的钱不如用来干点别的更有价值的事情；③不应该隐瞒患者，应该让患者自己选择。"

"告诉病人是癌症并不是最可怕的事情，病人最怕的不是死亡，而是被这个世界放弃；是当所有的人都不愿意医治他，又不对他坦白真实的病情。"傅麒宁说。

在傅麒宁看来，医生并不是大众眼里特别赚钱的职业，"回报与付出往往难以成正比"。选择长期留在这个行业的多数人还是出于情怀。在看起来冷冰冰的白大褂背后，其实跳跃着一颗火热的心脏。

傅麒宁记得一天，有个16岁的小姑娘来医院做人流，她坐在椅子上似乎事不关己地玩手机，陪同她一起过来的父亲一直暴跳如雷，表示要断绝父女关系。然而当正式在手术协议上签字的时候，父亲还是很认真地询问医生各种细节，在"关系"那栏，他毫不犹豫地签上"父女"。他还记得有个年龄在20岁上下的年轻人来医院就诊，被查出患有很难治疗的病症，每次他去查房，这个病人就在床上抱头痛哭。傅麒宁每次都会跟他耐心地解释病症，鼓励他要乐观勇敢地面对疾病。病人后来虽然放弃了治疗，但是不久后就给傅麒宁发送了一条短信，感谢他在医院里为自己所付出的一切，这些虽然没有给他的病症带来好转，却帮助他认识到人生中的另一些东西。

9年正式从医，傅麒宁有过迷惘和感伤。但回忆起来，更多的却是甜蜜的记忆。他常会收到自己的病人寄来的礼物。一般都是一些再平常不过的东西，比如一篮水果或者鸡蛋，还有一些病人自己做的家乡特产。虽然礼物并不珍贵，但收到礼物的一刻，傅麒宁心中感到满满的温暖。

"感伤与迷惘都在不断地过去。否则也不会有现在的坚持。"8年学医、9年从医，傅麒宁心中始终有一份坚守，那就是做一个有温度的医生，对患者保持一份真诚的关心，给社会更多正能量的反馈。而这正是他对医生这个职业，认同与自豪的源泉。

傅麒宁个人照

写于 2021 年 8 月

  傅麒宁，2012 年毕业于清华大学—北京协和医学院临床医学（八年制）专业，同年至重庆医科大学附属第一医院血管外科工作至今。

孙永铎：九年核研路，不负少年心

离开清华园，来到位于天府之国的中国核动力研究设计院工作已经整整九年了。而恰好，九年也是我在清华园里度过的时光。两个九年，是从一个起点到另一个起点。

还记得在毕业前的启航大会上，我说"要以实际行动响应母校的号召，到祖国最需要的地方去，上大舞台、做大事业"。几个月后，新员工入职仪式上，我说"以我所学，尽我所能，为核动力事业发展添砖加瓦"，也算是为自己许下一个承诺。十年可见春去秋来，我很庆幸，毕业至今一直走在当初选择的路上。

分享会留影

■ 行胜于言，不负少年心

2003年7月，我比大部分同学提前半个月来到了梦想中的清华园，参加了学校组织的新生党员培训，其中重要一课就是观看学习系列纪录片《我愿以身许国："两弹一星"元勋中的清华人》。学长前辈隐姓埋名、爱国奉献的事迹和精神深深震撼了我，或许正是从那个时候起，我和核工业的缘分就像一颗小小的种子，在不知不觉间被埋下。

博士期间我从事的是有机小分子电致发光方面的研究，如果不出意外，毕业后最好的选择就是继续在有机半导体行业发光发热。所以求职的过程中，我把主要目标放在了高校、研究院所的半导体材料相关科研岗位，也拿到了两个不错的 offer。但听了核动力院的宣讲之后，我认识到了核动力技术的重要性，更认识到材料问题是关键瓶颈，我强烈地想为反应堆材料研究尽一份自己的力量。这一刻，多年前埋下的那颗种子突然萌芽，破土而出。

让我下决心选择核工业的另一个重要因素是我的导师。他的经历和研究工作真正诠释了"要将个人成长和事业发展与国家需要紧紧结合在一起"。在我为毕业后专业跨度大而忧虑的时候，导师勉励我："博士所培养的是发现问题、独立解决问题的能力，这种能力是不分学科的，要相信自己所受的教育和具备的能力。"

2012 年毕业前夕，时任国家副主席的习近平同志视察清华大学，我作为毕业生代表之一参加了习近平同志的集体接见。他勉励即将到西部地区或投身于国防事业的毕业生要"在艰苦环境中砥砺意志，在实践锻炼中增长本领，在奉献祖国中成长成才"。我由此更加坚定了服务于国家需要、投身核工业的初心。

"心之所向，身之所往"，大抵如此了。

■ 砥砺深耕，笃行以致远

2012 年 7 月，我来到了核动力院。

稍作适应后，我很快就融入了新的环境。重点实验室友好又浓厚的科研氛围让我觉得和在学校的实验室没有太大的区别，但领导和同事对所里第一个"三清"博士的关注和期许还是让我感受到了压力。

从半导体材料到以合金为主的反应堆材料，虽然材料研发有很多共通之处，但对我而言还有大量的基础知识和基本的实验技能需要补足。我从本科课本和磨金相样品开始从头学起，一面补充基础知识和基本技能，夯实基础，一面积极参与科研项目，从实践中成长。

我国核电材料的起步较晚，基础比较薄弱，很多材料依然依赖进口，因此反应堆材料国产化工作十分重要。入职不久我就加入了国家发改委"690

合金研发产业化及核电中的示范应用"项目,并担任技术负责人。这对我来说是一项新的挑战,因为带领团队完成一项重大任务与自己开展课题研究完全不同,不光要做好项目的方案设计、开展研究工作、把好技术关,还要统筹进度安排、协调人力资源和科研设备,负责整个项目的质量、安全等工作。得益于博士期间学校"双肩挑"的培养模式,我在组织、协调、沟通方面积累了不少经验。最终在领导和同事的支持下,在前辈的指导下,我和团队历时两年多的努力,出色完成了10余项研究内容,实现了整个研究课题的目标,为实现国产合金锻件在核电中的应用奠定了基础。

中国核动力五四青年科技论坛获奖(右)

■ 道阻且长,行则必将至

九年,对于核动力事业的发展来说,只是很短的一段时间,还不到两个"五年计划",但对于我个人的成长来说,却已经是不能忽视的一段历程了。回想毕业以来的工作经历,我首先想到的一个词就是"幸运",因为我的个人成长、事业发展恰逢核动力事业发展的又一个黄金期,作为一名一线科研人员,我深刻体会到了国家对于核动力技术的迫切需求,体会到了从集团到院,到所,对于改革和创新的决心以及对于科研人员,特别是青年科研人员的重视。这些都让我感受到了生逢其时的幸运。

从战略与发展的角度来看,中国的核事业任重而道远。正是每一位核事业从业者坚守使命与责任的点滴奋斗,对于梦想和纯粹的坚持,纯粹的热爱,纯粹的付出，才让核工业的未来可期。天地高远，潮平岸阔，正是迎风扬帆时，希望越来越多的清华人加入核工业大家庭，助力我国从核大国到核强国的跨越发展！

在实验室工作

写于 2021 年 9 月

孙永锋，清华大学化学系 2012 届博士毕业生。毕业后赴中国核动力研究设计院工作，现任第四研究所 / 反应堆燃料及材料国家重点实验室副研究员，中核集团首批"菁英人才"。

武文博：用工程师的浪漫架构梦想世界

离开园子已经9年，回首毕业后的这段时光，自己的职业生涯其实是一个不断寻找自我和回归本心的过程。作为一名热爱戏剧表演的清华理工男，对职业方向的选择，我始终在探索适合自己的那条路。

大学时期，我认为清华给我们的很宝贵的财富，就是她营造的多元化发展氛围以及创建的无数个让学生发现和发挥自我价值的平台。无论是培育科研创新能力的SRT计划、"挑战杯"赛事，挖掘体育人才的"马约翰"杯，鼓励文艺文化素质培养的学生节活动，还是校内的几百个学生社团，每个人都有无限的机会在这里找到属于自己的舞台。对当时的我而言，学生艺术团话剧队和水利系学生会两个组织成了奠定我职业发展观、启蒙职业理想的关键因素。

话剧队让我感受到热爱产生的能量。自八九岁开始，我就对表演有着浓厚的兴趣。进入清华的第一个月，我有幸加入了话剧队，在这里认识了很多与自己兴趣相仿、志趣相投，又愿意把戏剧视作生命一部分的朋友。大学的4年里，我们在话剧队接受了准专业级别的高强度训练，以每学期2～3部大戏的密度排练作品在校内外上演，参与清华大学百年校庆演出、主创《马兰花开》等重要剧目。毕业大戏，我作为男主角出演了《莫扎特之死》的青年萨列瑞一角。两个半小时在台上挥汗如雨，谢幕后累倒在聚光灯下的那一刻，让我体验到热爱能给一个人激发出的无穷力量。

学生会则让我明白了梦想带给团队的力量。当时作为学生会的文艺副主席，团队和我的首要任务就是顺利完成当年水利系学生节的组织策划工作。我还记得第一次开部门会议进行头脑风暴时，大家从完全陌生充满

《莫扎特之死》剧照

拘谨，到为了晚会的创意开始天马行空讨论得心潮澎湃，当会议最终确定了学生节的主题是"大航海时代"以后，我看到大家的眼中都充满了憧憬和兴奋。此后的几个月中，每个人都为了同一个梦想而不懈努力，当最终一台超出预期的晚会呈现在全系师生面前时，我明白了一个足够美好的梦想能够给人和团队带来的改变。

从园子毕业之后，我远赴美国卡内基—梅隆大学攻读土木工程专业硕士学位。虽然依旧在读工科，但本科期间的戏剧和文艺工作带给我的影响一直埋藏在心中，我开始把"创造正向情绪价值"当成自己选择职业方向的一个关键考虑因素。因此硕士毕业以后，我选择了一份能将自己的专业知识与兴趣方向进行结合的工作——在奥兰多迪士尼世界（Walt Disney World Resort）从事乐园设施设计与工程管理方面的工作。迪士尼是工程师式的浪漫，通过深入其中，我了解到了呈现在孩子们眼前的梦幻世界，是如何运用物理、化学和艺术的专业知识，通过大胆的想象和精妙的计算结合而营造出来的。那段时间，每天我最幸福的时刻就是忙完一天的工作后，在乐园里欣赏小朋友们在逛城堡和看烟花时的眼神，你会清晰地感受到迪士尼在他们的心里造了一个梦。现在回头来看，迪士尼的经历给我最大的财富是，它激发了我对场景营造与内容植入所能创造的情绪价值的深度思考，这也成了后续我进行职业选择与技能培养的一个依据。

在奥兰多迪士尼的工作照（右）

一年以后，我因为家庭的原因选择回国，加入了万科集团，在万科集团上海区域从事产品定位和营销策划、市场与客户研究等几个方面的工作。万科作为中国房地产领域的标杆企业，公司平台大、职业化程度好、员工发展体系健全、工作标准要求高，这些对于初入职场的新人快速从学生蜕变成职业经理人有很大帮助。我在万科认识了很多与自己背景类似的同事和朋友，也接触到了很多行业里有理想、有能力、有水平的领导。加入万科一年以后，我有幸被选为集团高级副总裁的业务助理，在其身边学习管理思想和经验。那段时间工作强度和压力都很大，但对于个人的内心成长也大有裨益。在万科6年的时间，我从一个初入职场的懵懂小白成长为一名地产行业合格的职业经理人，也在这里完成了自己职业技能的原始积累。在一家世界500强企业工作的最大好处是，你的身边有足够多优秀而上进的人与你同行，以及很多可以学习和提升自我的平台资源为你所用。在与优秀的人共事的过程中，也能够逼迫着你不断提高要求，精进自我，努力向前。

然而在大企业工作的一个弊端是，自己更像是复杂机器上的小小一螺丝钉，很多工作方向的选择、内容的把控和成果的实现都不是依靠个人意志可以决定的。久而久之，获得感和成就感成了稀缺之物，刚刚参加工作时的憧憬与新鲜感也逐步消退，我逐渐陷入了一个持续的职业迷茫期。

最终唤醒自己的还是戏剧。一个偶然的机会，我接触到了戏剧圈子里的一些朋友，并开始利用周末的时间参与一些非职业剧团的排练和演出。在这个过程中，对于"创造正向情绪价值"的想法重新回到了我的脑海中，而我也再次开始反思，适合自己的职业道路是什么。最近几年里，国内的线下演艺市场开始发展，《脱口秀大会》《一年一度喜剧大赛》《声入人心》等综艺节目使得原本小众的线下演出行业开始破圈，沉浸式戏剧、环境式戏剧、剧本杀等新型线下互动娱乐方式受到了年轻人的喜爱和追捧。而与此同时，一线城市的商业空间愈发需要足够有吸引力的内容作为为其引流的手段。我判断线下文娱与传统地产行业结合的时机已经到来，而这也或许是适合我去发挥自身优势、创造情绪价值的一个很好的切入点。我希望自己能够成为其中一员，用我工程师的背景与对戏剧的热情为大众生产符合当代审美需求的文化内容，构建能够为人们创造正向情绪价值的梦想世界。

在这样一个背景下，我选择了暂别万科，加入了上海开心麻花团队，负责其演艺新空间的中台业务，同时也兼职成为开心麻花的一名演员，参演其在上海演出的线下剧目。维持自己的热爱并不容易,经常需要白天上班,晚上演出,演出后就住在公司楼下的酒店,一住就是一周。但即便辛苦,内心的充实感仍然能够时刻驱动着自己,保持热情与动力,努力向前。

开心麻花《里弄 1992》剧照

很喜欢迪士尼 2020 年的动画长片《心灵奇旅》中的一段话:"火花不是人生目标,当你真正想要生活的那一刻,火花就已经点燃。"在我不到 10 年的职业生涯里,最深的个人体会可能是,要坚持不断地寻找能够获得自己内心认可的价值主张,并依据这个价值主张去做好每一次的人生选择。当选择遵循了内心的呼唤,之后走的每一步路都不会后悔。希望每个清华人都能找到属于自己的人生火花。

写于 2022 年 3 月

武文博,清华大学水利系 2013 届本科生,毕业后赴美国卡内基—梅隆大学深造。现任职于上海开心麻花团队。

伏广宇：从五道口到宿迁，六年基层守卫情

伏广宇个人照

2013年7月，我拖着两个硕大的行李箱，从"宇宙中心"五道口来到了"江苏十三妹"宿迁，成了一名大学生村官。工作至今已6年半有余，兜兜转转经历了不少工作岗位，工作范畴也不再局限于村官工作，但我自信"在自己力所能及的范围内帮助更多的人"这一初心始终未改。

■ 安置小区，城市化的一个缩影

刚到宿迁的时候，组织安排我到安泰佳园小区做支部书记。这是一个安置小区，1 300余户，4 000余人，大部分都是周边村组拆迁安置人家。研究中国的城市化问题，安置小区是一个很好的切入点，这是我调研获得的宝贵知识。

对这座苏北小城，我渐渐地形成了自己的理解，宿迁是一个人口净流出城市，不论城市还是农村，青壮劳力大都外出务工，"三留守"问题比较突出，作为过渡态的安置小区更是如此。我所工作的小区留守老人很多，基本都住

车库，空间狭窄，拥堵不堪。我曾经走访过一位独居老奶奶，80岁，头发斑白，她的老伴已过世，子女也不在身边，老奶奶每天一早搬着小板凳出车库，在门口坐一天，晚上再搬着小板凳回去，往返车库就是她一天的所有生活。

农村留守老人，或者说空巢老人面临的不仅仅是物质上的匮乏，更多的还是情感上的无依，但令人心痛的是很多老人也视这种生活状态为正常。他们是城市化进程中受伤最多的，也是面临问题最大的群体。同样，小区留守儿童也很多，他们很多都是跟着爷爷奶奶生活。周末的时候，我经常主动邀请一些大学生到小区带着小朋友们做手工、看电影，记得有一次看完电影的时候，一个小男孩蹦蹦跳跳地到我跟前，说"以后周末再也不无聊了"。客观地说，一方面因为父母陪护的缺失，这些孩子的童年或多或少都是不完整的；另一方面，小区里很多孩子都处于放养状态，特别是跟着爷爷奶奶生活的孩子，管也管不住，教又教不了，问题更大。小区留守妇女很多，上要养老，下要养小，不得外出打工，但也要想法子赚钱养家。

基于这一现状，我请社区支持，引入了一个缝制皮球的"三来一加"项目，可以带回家做，不影响接送小孩。这是一个体力活，要用针线把32块皮子缝制成足球外壳，缝一个皮球赚不到10块钱，即便如此辛苦，高峰时候也有将近200人做这个活。

这虽是一项小小的改措，于我而言却有大大的意义，这是我为群众服务的开始。

在小区走访（右）

这个小区是我工作的第一站，初到基层，那时候每天很大一部分时间和精力都是在处理各种材料和琐事，我认为要尽快让自己"沉"下来、"静"下来，但还是与想象中的"大有可为""大有作为"相去甚远。

其实回过头来想想，小区虽小，却也不小，也关乎几千人的生活，对初出校门的大学生而言，在没有对基层情况全面了解的情况下，在没有对居民实际需求充分掌握的情况下，急于求大出新反而容易出错添乱。

在基层工作，我觉得一定要学会四样技能：能说、会写、多跑、善做。

一说，就是用当地老百姓的语言习惯把事情说明白，能够说当地方言当然最好，即使不会，普通话、外地腔也没关系，别说官话、大话、空话，他们"听不懂"。

二写，就是经常性地总结和反思，基层工作就是人的工作，农村的人与事、情与理是很有意思的，写下来，常翻翻，总是会大有裨益的。

三跑，就是多往百姓家里跑、多往田间地头跑，进百家门、认百家人、知百家情、解百家困，百姓才能把你当成身边人，进村惹狗叫，不是好村官。

四做，就是真真切切地帮老百姓做点实事，基层事务琐碎而繁杂，社情民意精深而微妙，多问政于民、问计于民、问需于民，找准工作切入点，下足十分功夫，不说半句空话。

■ 电商园区，年轻城市的激情

2015年年初，我到宿迁电子商务产业园区工作，分管招商引资和对外宣传事务。那时全国"互联网＋"风头正劲，园区刚成立不久，各项工作都要抢抓进度，其中规划建设、招商引资、政策配套更是园区工作的重点。那时候工作节奏很快，压力也很大，从1月月初到8月月底，除春节休了3天和端午休了1天外，所有人没有节假日，所有部门的会议要么上班之前开完，要么下班之后再开，不能占用上班时间开会，因为时间不允许。

那时候外宣压力很大，记得有一次开会到晚上9点，一把手仍对园区展厅宣传文案不满意，又不忍心责难负责文案撰写但已两眼发红的小姑娘，便对着我和招商服务局局长说"招商服务局干什么吃的"，在文案上留下了这句批示。

我们只好抱着被子继续改文案，第二天把改好的文案报审时，他点了点头，待看到他前一晚的批示，不由讪讪地笑了笑。我是很敬佩这位领导的，50来岁了,精力完全不输我们这些小年轻。

那时候招商压力也很大,毕竟十几栋空荡荡的大楼要用项目来填满,我和招商局人员每天要接待好几批客商,介绍园区、商讨政策、签约落户。那时候办公室里时刻备好换洗衣物和园区介绍材料,随时准备去外地参加招商会、展览会,随时准备到各地拜访客商、洽谈项目。

后来,当当来了,途牛来了,小米来了,全国互联网排名前 50 的很多企业都来了,园区渐渐有了规模,有了影响。

在电商园区工作的这一年多,是极紧张、极忙碌、极有成就感的,现在每次路过电商园区的时候,总会回想起曾经在这里奋斗的点点滴滴。我相信选择成为选调生的清华学子都是满怀理想和抱负的,也都是不惧任何困难和辛苦的;我也相信很多清华人都会走上领导岗位,并且有能力在自己分管或负责的领域独当一面的。历史与经验告诉我们要常怀敬畏之心,敬畏人、敬畏事、敬畏权,被人高看追捧的时候,别飘,在做重大决策的时候,别乱。常问初心,常怀警醒,方能行稳致远。

宿迁是一座年轻的城市,1996 年建市,虽然经济总量在江苏省排名靠后,但在全国仍然跻身前 100。

结合这几年在电商园区、乡镇以及现在的工业园区的工作经历,我认为宿迁的经济发展有机遇、有后劲,但也有瓶颈。在乡镇层面,实体经济基本以解决当地居民就业为主,规模体量、投资强度、税收贡献总体偏小,勉强够解决地方财政温饱;实体经济与电商结合度较差,受电商园区虹吸效应的影响,稍微具备电商技能的年轻人都选择到城区创业就业,乡镇电商发展更是捉襟见肘。在市区层面,宿迁的资源禀赋比苏南差很多,比之徐州、连云港等城市也显薄弱;同时,宿迁在企业扶持政策上很难再有"政策洼地"优势,而"人才洼地"劣势却日趋凸显。

以上种种是所有经济后发地区都会面临的困难和挑战,但宿迁人干事创业的精气神很足,从来不惧怕困难,"生态为归宿,创业求变迁"的宿迁口号便是很好的诠释。

■ 共青团:不让一个孩子掉队

2017 年,我来到宿豫区团委主持工作。团委是一个很有"意思"的部门,服务的对象都是年轻人和小孩子。可能在很多人看来,团委是一个很清闲的部门,没事搞搞活动就行了,其实,远没那么简单。

　　自共青团改革以来,从上到下都要求全面从严治团,对团的组织建设、团员管理、活动开展的要求越来越严格规范,加之共青团的服务对象和工作内容很广,从小学少先队员、中学团员,到大学生、社会青年,从团队员的管理,到大学生的服务,再到青年的创业就业、婚恋交友,方方面面,套用一句常说的话,就是时间紧(共青团改革节奏快)、任务重(各项工作面广量大)、压力大(考核、评比、通报)。

　　在区团委工作一年多,感触最深的工作是对贫困学生的救助。

　　应该说,在脱贫攻坚特别是教育扶贫方面,地方政府出台了很多惠民政策,包括学杂费减免、校车费补贴、设立奖助学金,等等,困难家庭的孩子上学无忧,但这些孩子们在生理上和心理上的问题和需求不容忽视。

　　我们当时找了一个切入点——孩子的书桌。在调研走访的时候,我们发现很多小孩子都是趴在饭桌上、凳子上甚至床上看书写字,长此以往,恶劣的学习环境对孩子的视力和颈椎都将造成很大损害,所以我们发起了"点亮小书桌"公益项目,即发动爱心人士和企业捐赠,为每一个孩子赠送一套书桌和台灯。项目一经推出就获得了很大反响,有的企业直接认领了一个乡镇的书桌捐赠(100套)。在跟企业负责人聊天的时候,他们都说"自己也是农村出来的,见不得孩子在这样的环境下看书学习"。

团委工作

团委是一个很有情怀的部门，共青团工作也是很有温度的工作，虽然私底下也会抱怨团委工作事多而杂，但是细细想来，这些工作是能够让很多孩子受益的。孩子，是家庭的希望，是国家的未来，每一个孩子，不论家庭富足还是贫困，都应该被社会温柔以待。而我，也愿意为他们奉献自己的一份力、一份心。

■ 总被平凡的人感动

"苟利国家生死以，岂因祸福避趋之。"写这篇材料的时候，曾经的和现在的同事，有的在社区防疫卡口，有的在企业复工现场，有的在志愿服务一线，所有人都默默投身于这场没有硝烟的战役，无人退缩。特殊时期，方知基层不易；关键时刻，更见初心使命。

我所在的张家港宿豫工业园区有十几家企业，我和同事要对每一家企业的防疫物资准备、厂区消杀消毒、应急预案制定等各个环节逐一落实，要对每一名员工的身份信息、活动轨迹、健康状况等各项信息逐一核实，要对每一家企业复工后的疫情防控、安全生产、产能恢复等各项工作做好统筹。事情很多，要求很严，但我们不能出任何差错，因为园区的这些企业和员工由我们来守护。

每一朵小小的浪花，汇聚成大海，每一个小小的我，合力保卫我们的祖国不受这场疫情的肆虐。

写于 2022 年 3 月

伏广宇，清华大学核研院 2013 届硕士毕业生，毕业后选择到江苏省宿迁市做一名大学生村官，工作至今，先后在宿迁市宿豫区的村居、乡镇、园区、团委等部门工作。

杨俊：我在甘肃基层的脱贫攻坚故事

杨俊个人照

工作 6 年多，作为过来人，下面我分享两个阶段的故事和个人的一些感悟给学弟学妹们。

■ 投身基层谋发展

2013 年 9 月，我到甘肃省武威市民勤县蔡旗镇挂职，满一年后由于工作需要回到了市发改委工作。2015 年 10 月，结束挂职工作回到了发改委。两年间，虽然也做了一些事情，比如，在农村落实枸杞、红枣、饲草种植重点任务，在市发改委负责通用飞机场选址、铁路检修车间等项目的前期衔接和准备工作，但没有自己亲自推动过一件事，总觉得有一些遗憾。思前想后，觉得到乡镇可能有机会施展一番自己的拳脚，以前毕竟是挂职干部，领导不可能把担子完全压给你，如果任职亲自负责工作，即使什么都没做成，起码可以了却自己的心愿。

2016 年 3 月，我提交了到乡镇工作的申请；6 月，正式到蔡旗镇任职工作。蔡旗镇位于民勤县最南端，阻断腾格里沙漠和巴丹吉林沙漠的石羊河，从这里流入民勤绿洲，虽然随着风沙治理，"沙上墙、羊上房，毛驴走在屋顶上"

的景象已经绝迹，但自然条件仍然十分艰苦，居民点不远处就是沙丘。时值脱贫攻坚的关键时刻，我负责的野潴湾、金家庄村又是发展基础较差的两个村，人均纯收入只有几千元，村民怕风险不敢追加种地投入，现代农业设施基础薄弱，多年靠种大田作物为生，广种薄收、增收困难。蔡旗镇经济条件最好的村是沙滩村，以前也是有名的困难村，但全村从2008年开始种植大棚蔬菜，现在300多户人有500多座大棚，每座棚年均收入3万元以上，大棚蔬菜让全村农民率先奔了小康。

在基层与群众干部座谈

2017年春节后，为了更好地提高两个村农民的收入，我和驻村工作队决定发动两个村群众建大棚种蔬菜，当时的优惠条件是政府提供配套水电设施，每座大棚农户出资5万多元。考虑到修建成本的原因，建棚的地块要连片、交通方便。野潴湾以前有建大棚的经历，村组干部和农户间相互协调，很快就做好了6座大棚地块的调换、补偿等。

金家庄村由于没有建日光大棚的经验，村民虽然羡慕沙滩村的富裕，但很多群众仍然不愿意建，担心投资大回本慢、蔬菜滞销、政府水电配套兑现难，等等。一些群众因为过往的邻里纠纷不愿调地，个别群众因为以前的惠农政策没能享受而带头反对，抵触情绪很大，谩骂嘲笑声不绝于耳，有的抱着我不想建、别人也别想建的想法，坚决不调地、不让路，有的甚至说"你们要想建棚，除非推土机从我身上轧过去"。几年前就出现过这样的情形，当时地块都调好了，结果一个妇女挡在推土机前最终让建棚的事不了了之。

一周多过去了，工作没有丝毫进展，一些本来想建棚的村干部和农户看到困难太大也打起了退堂鼓。我想过放弃，但想想不能因为一时的挫折就放弃光明的前景,村里没有拿得出手的产业,仅靠大田种植是富不起来的,既然已经有沙滩村的成功经验了,在一个乡镇这么大的地方去复制经验很容易就能成功。

认准了的事就要下定决心干下去,金家庄村必须在我的手上改变没有大棚的现状。于是我就反复劝说要建棚的群众拿出诚意,拿土质好、面积大的耕地去换,出高一点的租金去租,动员家里有亲戚在政府工作的人去劝说,只要能促进建棚的方法都试了一遍。

工作过程中,个别村干部不时打退堂鼓,我反复对他们说,头一遭建棚就是"西天取经",我们干部就是取经人,不能总想着像二师兄那样,遇到困难就分行李,要像唐僧一样意志坚定,要像孙悟空一样"降妖除魔",要像沙僧一样踏实苦干。我们继续一户一户做工作、讲政策、谈效益、解顾虑,过了两周,终于凑齐了足够建8座大棚的耕地。这中间还有个插曲。村里有个金老汉,因为建大棚要占他的一块地,始终不同意调地,不得已只能留下他的地在下一垄地建。有一天下队的时候,路上碰到了金老汉,我本不想过去打招呼,同行的计生站李站长说:"过去打个招呼吧,买卖不成仁义在。"金老汉心脏不太好,我们就过去问他最近身体怎么样,买药的钱报销得怎么样了。简短的几句寒暄,金老汉显得颇为感动,激动地握着我们的手说:"我的地你们要换就换吧,你们不计较我这么难说话,我该全力支持你们才对。"几句话间,冰雪消融,让我们信心倍增,没几天8座大棚要用的连片耕地就都调好了。

检查蔬菜大棚种植情况(左)

然而,问题还没有全部解决,有一些农户说:"不管你们怎么弄,走大棚的路要过我家的地头,但推土机不能过我家的地头。"后来,我和村干部商量，工作都已经差不多了，不能再犹疑观望等着所有的问题都解决再开工，免得一些人再打退堂鼓。如果有人阻挡，我们到时见机行事，起码问题都浮在面上了反而有可以解决的目标。

第二天一早，我们就让推土机到地里工作，估计那些群众看到我们的决心也不好出来阻挡，过了几天也没有人提反对意见，事情终于成了。开工以后，很多群众商量着把规模扩大到30座，可惜因补助政策变化而作罢。虽然8座大棚不多，但在金家庄村开了温室蔬菜种植的先河，一些群众甚至说这是村里开天辟地以来的大事。

金家庄村蔬菜大棚

2017年5月，两个村农户投资70多万元新建的14座大棚全部完工。建成后，群众就投入了紧张繁忙的生产中，种植西红柿、西葫芦、辣椒等蔬菜，2018年，每座日光温室大棚的收益就达到了4万元。其中，金家庄村贷款5万元建棚的单身汉金锐基，在供读一个大学生的情况下仍偿还掉了3万元贷款。走在田间的路上，群众热烈的招呼和灿烂的笑容，让我切实感受到了办实事带来的快乐。

回想工作中，近一个月前后大小会几十场，进了多少家的门，给人说了多少好话。但这一切都是值得的，事情办成了就是对辛苦最大的回馈。

■ 新起点新征程

2019年5月，经选调我到甘肃省委组织部工作，对我来说，既是领导对我工作的认可，也是新的起点、新的挑战。进组织部不久，由于"不忘初心、牢记使命"主题教育的开展,我被抽调到了全省主题教育办材料组负责文字起草工作。

主题教育告一段落后,我又回组织部从事基层党建工作,天天忙于文字材料的起草和校对工作。从基层干部到机关干部,从落实具体工作到参与政策制定,一开始我有诸多不适应,尤其是文字起草需要反复研读中央和省委文件精神,反复打磨材料内容,经常加班到半夜,让我对机关工作很是迷茫,难道真的就要在电脑和文件间这样工作下去吗?

一位前辈告诉我:越是上级的部门,材料就越多,要求也越高。为什么呢?因为机关是出政策的地方,出台的文件是要用来指导下级部门开展工作的。比如,出台一份激发干部担当作为的文件,直接影响的就是选人用人的标准和导向;出台一份关于引进人才的政策,就可能影响一批想要投身西部、建功立业的年轻学子;等等。材料的精髓在文字上,但实际体现的是指导工作的水平,它既考验你对政策的理解水平,更考验你解决问题的能力。好的材料能很好地贯彻上级意图,同时又很接地气,紧扣实际问题,能有效地指导地方开展工作。各地情况复杂多样,文字措辞上的一点马虎,就有可能造成地方在解读执行政策时的偏差,导致工作走样,要想有效地开展工作,必须特别重视文稿的起草质量,否则,就可能失之毫厘谬以千里。我顿时感到醍醐灌顶,重新找到了工作的意义和努力的方向。

从那以后,我开始认真地学习中央和省委的文件,力求把文件精神吃准吃透,以便更好地开展工作。材料写作当然不是闭门造车,在几次的调研中,我发现基层针对同一项内容做了很多创新。比如,同样是加强农村党组织建设,有的地方通过增加财政投入发展富民产业,有的地方及时收集发布用工信息帮助群众解决就业问题,而我调研的一个定西市焦家湾村则是发动群众,通过群众义务出工在村口修建了一座土色土香的文化墙,极大改善了村容村貌,村党支部的号召力、凝聚力得到了极大的加强。

总之,凡是你能想到的,在基层的实践创新中都能找到原型,基层经验提供了指导工作的源头活水。而好的材料,只有总结提炼这些经验做法,才能提供谋划指导工作的水平。同时,材料的起草过程也是不断梳理工作思路、总结经验教训、认识解决问题的过程,过了材料这一关,才能更好地开展工作。

对于组织部这样一个单位,作为一名主任科员可能并不显眼,但作为每一个具体文件的起草者,文件中的每个文字都承载着深刻的含义,写下的每一句话通过行政系统不断向下传达、分解、落实,最终撬动了整个系统的运转。就如"蝴蝶效应"所揭示的一样,小小的文件通过行政平台的运转引起了行政体系的全方位响应。

焦家湾村文化墙

■ 写在最后

从2013年毕业至今,已是6年多,人已步入而立之年。有过成功的喜悦,也经历过挫折的沮丧,但更多的是坚守之后的笃定,成功和挫折都是用来成就自我的,这些构成了人生的厚重。工作并不总是如我们个人预设的一般,有一个理想的路线图,而是不断地磨砺我们、塑造我们,让我们在前行中知冷暖、悟人生、找定位,让理想和现实接轨,在奋斗中实现价值。

事业不可能永远一帆风顺,也不可能永远坎坷不平,个人能做的就是在顺境中保持冷静的头脑,在逆境中不断激励自己,积淀自己的人生,努力承载起背负的使命。

写于 2020 年 4 月

杨俊,清华大学航天航空学院2013届硕士毕业生,毕业后赴甘肃做选调生。

杨铭谦：悠悠航天梦，冉冉报国"芯"

2014年，我满怀对母校的眷恋和感激，离开清华园。在四年的清华求学之旅中，我学到的不仅是知识，还有"自强不息，厚德载物"的精神，更有"到祖国最需要的地方去，上大舞台、做大事业"的谆谆教诲。承载着母校的嘱托，怀着产业报国的初心，我来到航天九院七七二所，一个以宇航集成电路国产化为己任，为我国航天事业贡献"芯力量"的地方，在这里延续了自己的求学之路，并扎根于此，书写自己"为国铸芯"的人生新篇章。

参加研究生学位授予仪式

■ "芯"梦启航，不负报国志

我在航天七七二所学到的第一课，是宇航集成电路的意义和价值。宇航集成电路是航天的"芯魂"，它事关国防安全，是航天战略性、基础性和先导性产业。从火箭的姿态控制，到卫星的定位通讯，再到月球车的自主勘探，宇航集成电路都作为系统的中枢，发挥着不可替代的作用。正是由于有这样的战略地位，美国等航天强国一直在宇航集成电路产业上，对我国实施严格的技术封锁和产品禁运。这让我充分明白了，我所从事的行业，正是处于国家战略前沿的核心关键领域。我们这个队伍的天职，就是为国之重器铸就一颗颗强大的"芯脏"，在重围中走出一条自主创新之路。祖国最需要的地方是哪里？我想我已经为这句话找到了一个最适合我的答案——铸造航天报国"芯"，实现航天强国梦。航天七七二所，成了我人生的一个新的启航点。

日常工作

■ "芯"海泛舟，矢志求突破

自来到航天七七二所的第一天起，我就加入了 FPGA 团队。这是一支深耕于宇航用 FPGA 研发应用多年的专业科研队伍，以建设世界一流 FPGA 创新团队为愿景，形成了"帮助别人成功"这一独具特色的文化。在领导的关怀和团队的无私帮助下，我很快适应了从一名学生到工程技术人员的角色转变，在科研中学习，在实践中进步。

在加入团队后不久，我就有幸参与了"十三五"核高基（核高基即"核心电子器件、高端通用芯片及基础软件产品"的简称——编者注）国家重大专项的研究工作，与团队一道，经过 4 年不懈努力，突破了 65 纳米和 28 纳米抗辐射 FPGA 的关键技术瓶颈，研制成功了 17 款高可靠宇航用及军用 FPGA，最大规模达到 7 000 万门级，达到了国际先进水平。目前，这些产品已经在载人航天、空间站等多个重大项目中应用。看到自己参与研发的中国"芯"在太空中闪耀，我倍感骄傲，这不仅仅是成功的喜悦，更是自己能够不忘初心、实现理想、报效国家的自豪。

转眼间，我在七七二所学习和工作已有六年，已经从一名项目参与者成长为一名项目负责人，从一名新人成长为团队中坚。角色虽变，初心未改，"以技术立身，以实业报国"依然是我秉持的理念、传承的目标。

■ "芯"路漫漫，吾辈当自强

近年来，随着中美贸易战的持续升级，集成电路行业处在了风口浪尖。美国对中兴、华为的制裁向我们昭示着，缺"芯"少魂，命运就只能掌握在别人手上。习近平总书记在中国科学院第十九次院士大会、中国工程院第十四次院士大会上强调："实践反复告诉我们，关键核心技术是要不来、买不来、讨不来的。"作为中国航天队伍的一员，作为一名宇航用集成电路从业者，我自觉十分幸运，因为我能够在风华正茂的人生阶段，适逢我国集成电路事业高速发展的黄金期，在芯片国产化的浪潮中，成为一名铸造国之重器的奋斗者，成为一名突破国外封锁的拓荒者。虽然前路漫漫，挑战不断，但我仍斗志昂扬，信心满满。

我国正在建设航天强国的道路上昂首前进，在集成电路自主化的道路上披荆斩棘。正是每一位航天人每一位创"芯"者胸怀科技报国志，甘于寂寞探真知，才能让我国的宇航集成电路向着自主可控、自主创新的目标砥砺前行。希望越来越多的清华人加入宇航集成电路事业的大家庭中，以梦为马，不负韶华，描绘"芯"画卷，实现"芯"梦想！

研制 FPGA 项目中的电路板

写于 2021 年 11 月

杨铭谦，清华大学电机系 2014 届本科毕业生，中国航天科技集团公司第一研究院电子科学与技术专业 2018 届硕士毕业生。现任航天九院七七二所 FPGA 事业部副主任，致力于宇航用及军用 FPGA 技术研究及产品研制。

苏铧烨：从一滴油到一滴水，我与青海的五年化学反应

苏铧烨个人照

如今我已经到青海工作五年多时间了，相当于在青海又攻读了一个博士学位。这五年多的时间里，我将我的"博士论文"写在了青海这片三江大地之上，也完成了自己生活上从外地人变为本地人、角色上从"学生兵"变为公务员、职责上从"跑龙套"变为"挑重担"的三个转变。

■ 青海是一片理想信念的圣洁高地

2010年暑假，我参加清华校团委组织的国情实践团第一次来到青海，参观了原子城博物馆，也就是清华同学们所熟知的话剧《马兰花开》发生的地方。曾经在青海，有一批共和国最优秀的人才在此会聚，为祖国"干惊天动地事，做隐姓埋名人"，也是从那一次青海之行起，"以身许国"的志愿在我心中埋下了种子。

非常幸运的是，2014年毕业的时候，我恰好遇到青海省委组织部第一次

启动面向国内重点高校招收选调生，没有任何犹豫，我报名参加了这个计划，和另外 13 名来自清华、北大两所高校的同学一起来到青海的乡镇开始自己的工作。在那个人生的十字路口，支撑着我们做出择业决定的信念，正是一份"服务祖国、服务人民"的理想，这是我们的初心，直到今天我依然觉得，能够通过选调来到青海工作，能够成为一名公务员，从事一份以服务人民为中心的工作，我感到非常幸福。

怀着满腔热情来到青海之后，青海很快用一种特殊的方式教育了我。2014 年，我所负责的村子组织村"两委"换届选举。这是我第一次驻村工作，为了组织这次选举，我和同事们提前做了许多走访工作，自以为已经做好了万全的准备。在选举当天，有两位候选人得票领先，但都没有过半，按照法律的规定，需要就他们两个人再进行一次投票，以确定当选者。但是，当我从台上下来，准备去打印选票的时候，我被一群村民围住了，他们情绪激动地要求我不许再投第二次票，而是要让现在得票最高的候选人直接当选，不然他们就不答应。这是我第一次遇到这种情景，我才意识到，自己在准备过程中没有把与选举有关的法律法规知识提前给村民们宣讲到位，就是这一点点本以为不会出现的纰漏，导致我所负责的第一次选举任务就这样失败了。

村民委员会选举大会现场

在后来的工作中，我还经历过许多这种类似的场景。例如，面对讨薪上访的农民工，面对索要工程款的施工队，面对要求协调解决问题的企业家……不单是我，和我一起到青海工作的伙伴们都经历过这些类似的场景，越是这些经历越能让我们感受到，我们的百姓真的是非常可爱，只要你以真心、诚意对待他们，他们一定会对你回报以更多的真心、诚意。那次失败的选举之后，我们又花了15天时间，更加耐心细致地走访了村民，进行政策宣讲，终于顺利完成了这个村子的"两委"换届选举。

青海带给我们的最好的教育、最好的成长，便是当地领导并不像保护温室的花朵一般把我们置于一个安逸的环境之中，而是让我们到直面困难的第一线去，让我们的初心去经历不断地摔打、碰撞、质疑和坚持，最终更加坚定、更加闪光、更加弥足珍贵。就像青海省委王建军书记在与引进人才谈心时说的："每一位年轻的同志，在吃苦面前都不能有任何侥幸、任何懈怠……能够克服困难，奋斗的人生才最壮丽"。在真正来到基层之前，"为人民服务"这句话对于我们而言是抽象的、模糊的，现在这句话对于我来说非常具体而清晰，这份工作需要胸怀鸿鹄大志、澎湃激情，也需要孜孜不倦的耐力与久久为功的热情，用文火慢炖出绵绵的力量。

■ 青海是一片海纳百川的宽博宝地

我是一名广东人，在北京上的学，与青海结缘之时就是我到青海工作的时候。犹记得自己刚到基层报到的时候，自己完全听不懂青海话，有的只是头上顶着的名校光环，那时候觉得自己似乎是一滴油一般，漂浮在水面上，每天与这片土地相处，却不得其门而入。让我感动的是，青海很快接纳了我。在身边领导和同事的照顾下，我每天为学会一句方言、接好一个电话、做好一次会议记录而暗自欣喜，也为交到越来越多的朋友、影响越来越多身边的人而感到高兴。

这张照片上的这个小朋友叫多多，是我们园区一对创业者的孩子。多多在杭州长大，因为父母回青海创业所以跟着回到西宁上学，我在走访企业的过程中了解到，多多的父母别的都不担心，最烦恼的是孩子的教育问题。为了让多多的父母能安心创业，我便利用自己的闲暇时间和多多一起背古文、做习题，这是我在青海交到的年纪最小的朋友。

在我工作的这几年中，有越来越多的新青海人加入建设青海的队伍中来。褚旭斐，一位创业者，是北大光华的MBA学生，2016年参加光华的一个暑期项目来到我们园区，我们聊过之后，他回学校办了休学来到我们园区开始创业，目前已经在青海的多个景区落地了他的智慧旅游项目。通过这个过程，我觉得自己从一滴油变成了一滴水，真正地融入青海这片土地中来了。

与区里的选调生及引进人才分享在青海成长经历

特别想表达的一点是，我们这些选调生到来之后得到了当地党委和组织部门的高度关注、悉心爱护，不仅给了我们在住宿、待遇等方面的格外照顾，而且给平台、给重担、给信任，真正把我们放在当地工作的主战场、服务群众的第一线、直面问题的复杂环境中去磨炼。我的几位博士师兄，现在都在重要部门的副处级岗位上工作，我本人更是得到了破格提拔。在组织的关怀下，我们的水平、能耐、担当、作为，在青海的广阔天地里得到了难得的锻炼和成长。

日常的工作中，或许不会每天都轰轰烈烈，但每天都在积累着点点滴滴。因为在青海工作，我更加深刻地理解了"功不唐捐"的意义，也更加明白了组织上把我们放在基层锻炼的良苦用心，在青海工作的时光，是既充实又幸福的。

■ 青海是一片大有可为的广阔天地

能够生逢这个伟大的时代，投身于实现中国梦的伟大实践中，是一件非常幸福的事情。习总书记说，一代人有一代人的使命，一代人有一代人的担当。我们这代人生逢"两个一百年"奋斗目标的历史交会期，即生逢其时，更重任在肩。在青海工作，便是为祖国守护"中华水塔"，为世界守护生态屏障。青海是一片大有可为的广阔天地。我在青海海东，建设着北京中关村科技园区在北京市外辐射的第一个产业基地,我们建设了全市第一个国家级科技企业孵化器,聚集了一批优秀团队和个人,实现了高新技术企业、科技型企业和知识产权数量的迅猛增长,努力为全省发展提供产业支撑。

这两张图片基本上浓缩了我在青海工作的 5 年时光。第一张图是设计效果图,2015 年,我到现在工作的园区报到的时候,领导告诉我这是我们园区未来的样子;第二张图片是去年拍的实景图,经过不懈地努力之后,我们把曾经的蓝图一点点地全部变成了现实。

海东科技园设计效果图

海东科技园实景图

我特别喜欢在下班的时候走到我们孵化器大楼的顶楼,俯瞰我们日夜工作的这片土地。我看到这片土地在我们的努力下一天天地发生变化,就像看着自己的孩子不断成长一般,甚至能够听到她律动的脉搏和朝气的呼唤,这是一份难以言说的成就感,这是我倍加珍惜的事业平台。我更加相信,青海的土地足够宽广,一定能够为所有的有志青年搭建起一个人生的舞台。

写到最后，我特别想和在校的师弟师妹们再次分享习近平总书记在去年五四青年节前夕，勉励青年的一句话："广大青年应该以青春之我、奋斗之我，为民族复兴铺路架桥，为祖国建设添砖加瓦。"走入西部基层，把自己的发展与民族的复兴相结合，最大限度地回馈社会，这就是我们自身所要实现的价值所在。今天的青海，山岳俯首，三江扬波，热忱地欢迎更多的青年人能够来到这里兴业兴邦，我也相信，因为你们的加入，青海终将不同。我在青海，等着你们的到来！

写于 2019 年 12 月

苏铧烨，清华大学法学院 2014 届硕士毕业生，毕业后成为青海省第一批定向选调生。

方洲：做一件"很酷"的事情，
清华方洲守护方舟

方洲个人照

■ 不畏困难，清华方洲守护方舟

2021年9月17日，神舟十二号载人飞船返回舱在东风着陆场成功着陆，一则名为"清华方洲守护方舟"的新闻在清华同学的朋友圈刷屏。年轻的返回舱防热结构研制工程师方洲校友在新青年的采访中深入浅出地介绍了能够抵挡2000℃高温的防热层的研制过程。返回舱着陆时9分钟的燃烧，是无数航天人夜以继日努力探索的结晶，也是无数像方洲校友这样投身于航天强国事业的青年人坚持和热爱的见证。

2014年毕业时，方洲毫不犹豫地选择了航天作为自己就业的方向。在清华求学的7年中，方洲从事的研究方向是羟基磷灰石聚乳酸的复合材料，毕业后入职航天材料工艺研究所从事轻质烧蚀防热材料的研究,工作中的研究方向和校园中的科研方向其实并不是完全契合的,在开展研究工作的初期,方洲也经历了漫长的适应期。但在清华读书求学期间培养的科研习惯掌握的研究方法帮助他度过了最初的艰难。

"不存在没有困难的工作,有困难才会有取得成就的可能。"方洲在面对校园里学弟学妹提问的时候如是说道。

■ 立足基础,在"归零"中寻找突破

航天材料研究需要从全局考虑,但也受到许多条件限制。材料的外形决定了飞船的外形,而飞船的飞行弹道在很大程度上依靠外形轮廓。因此,理想的材料需要在燃烧后仍然保持外形轮廓。同时飞船的重量受火箭运载能力的严格限制,每一克重量都要精打细算,因此就要求防热材料尽可能的密度小、防热结构尽可能的轻。所以航天领域的材料研究通常是由型号需求倒推材料需求的,航天材料工程师需要时刻考虑什么样的材料能够兼顾低密度和高强度及耐高温。

材料的研究是一项非常基础的工作,无论什么样的设备或器材最后都会落脚到"选材"上,同时材料的研究也是漫长和枯燥的。在航天工程师的工作中最令人头疼的一件事就是"归零",而"归零"意味着实验的失败,一切需要从头开始。神舟飞船的防热材料牌号代表了实验的次数,例如,H88意味着依照A、B、C、D、E、F、G、H的顺序逐个从1排到88,总共经历了900多次实验。材料研究初期的工作像是在一片茫茫无际的大海中找寻一根细小的针,看不清前路,也不会知道行进的方向是否正确,只能通过一次次重复的实验不断试错。

研究中的细节也会影响最终的结果。在某次飞船材料的研究中,在进行烧蚀实验时,材料表面的碳层出现了一个小坑,这个小坑会像水坑积水一样把迎面而来的热流聚集起来,使得材料表面的温度偏高。而这一个小小的异常如果出现在飞船执行任务的过程中,就会带来严重的后果。因此,不断确认细节完美,提早预测并避免任务中可能出现的风险与失误,保证科研的严谨,成为方洲工作的日常。

■ 坚持热爱，做一件"很酷"的事

小时候仰望星空，方洲也曾梦想过成为一名航天员，坐在神舟飞船里，走进广袤无垠的苍穹，亲手去触碰经历亿万光年仍在闪耀的星辰。当梦想真的照进现实，他说，希望学弟学妹们有机会去文昌看一次火箭发射，那是一个非常震撼的场面。渺小的个体之于庞大的火箭和辽阔的苍穹，总会让人想起课本里的诗文"寄蜉蝣于天地，渺沧海之一粟"，但同时一想到能为人类探索宇宙贡献一份自己的力量，就会获得深深的职业认同感和自豪感。

航天科研是凝心聚力的工作，需要很多个部门协同完成，而做好自己工作中的每一件事，将个人的努力融入团队的智慧，才能攻克一个个难关，去做成那些从前不敢想象的事。用一句话来概括航天领域的材料研究，可以说是"光荣而艰巨——光荣在于平淡，艰巨在于漫长"。材料研究岗位是航天科研甚至于全社会所有工作中平凡而普通的一个，在一次次漫长的实验与等待中，许多和方洲一样的航天人坚守热爱，笃定理想，深刻践行"立大志、入主流、上大舞台、干大事业"的信念。

航天是一项充满情怀的事业，也是一件"很酷"的事。方洲寄语在校的同学们："希望有更多人能加入航天队伍，共同投入航天报国的事业中，丰富自己的人生体验，拥有理想的事业，实现自己的人生价值。"

写于 2021 年 12 月

方洲，清华大学材料学院 2014 届硕士毕业生。毕业后赴中国航天科技集团工作，现任航天材料及工艺研究所专项副主任工程师，主要从事轻质烧蚀防热材料及其产品的研制。参与神舟系列载人飞船、嫦娥五号探月返回舱、天问一号火星探测器等飞船外表面大面积防热结构的研制生产。

管弦：清华牛津联合国，可能之外还有可能

我很喜欢阅读的《单读》在十周年特辑的封面上写着简单有力的一句话："在宽阔的世界，做一个不狭隘的人。"还记得那本特辑的封面是黑底白字，简洁明了。自己对人生的构想和期待也一直是如此，做一个长期主义者，脚踏实地，日积月累，不断地拓宽自己的视野和认知，探索人生的各种可能性。回想起来，从义无反顾地攻读哲学到如今在联合国机构担任国家项目官，人生已然在计划外，但读书时筑造和夯实的信念与理性，始终贯穿于工作生活中，内核坦然而坚定。

一开始从未想过自己会走上今天的道路，但一切变化都顺其自然地发生了。高中时热爱哲学，想做一辈子学问。在清华读书的时光是一段恣意汲取知识、享受理论带来智识的愉悦时光。在"西方经典研读"课上，自己被政治哲学深深吸引，跟着书单慢慢啃大部头，我的好奇心逐渐从"什么是理想社会？""什么是好的政治？"开始转向"社会是怎样的？""政治与政策是怎样实践的？""缩小理想与现状的鸿沟如何可能？"。对于这些问题，仅靠抽象的理论构建并不足以为自己解惑。抱着拓宽自己认知边界的想法，我申请了牛津大学，继续攻读两个关于政治与社会政策的硕士，一个聚焦中国，另一个关注欧美世界。

自己接触国际组织并不算早，直到读第二个硕士时才第一次尝试申请联合国机构的实习，当时的想法很简单：想走出书本，走出数据，直观体验现实世界里的社会政策如何制定、国际合作如何实现。从联合国教科文组织（UNESCO）到联合国经济社会事务部（UNDESA），再到国际劳工组织（ILO），从地方办公室到总部，我当过实习生和顾问，尝试各种工作任务：有自己相对熟练的数据收集、分析和政策研究，也有更具挑战性的会议组织协调和行政手续处理。工作中有宏大的理念，也有具体的人事。在不断的积累中，我悄然感受到了自己的成长：一是不为自己设限，不拘泥在自己的舒适圈里停滞不前，碰到新的工作领域就用心学习；另一个是认识到没有所谓的"小"工作，看似"小"的工作，若认真扎实地做完，也会从中收获新的知识或技能，

在日后的某个场合再次派上用场。

联合国听起来似乎宏伟高大，但其中的工作——国际公约的制定、项目的落地、合作关系的确立、旗舰研究报告的出版都是通过无数日常工作筑成的，其间包含着反复协商和耐心推进，时间单位多是以年起步，没有一蹴而就的圆满完工。行动大于宏愿，经得起时间的考验，了解现实的复杂性，理解不同阶层的群体需求，对照、反思曾在书中读到的论点，这些都是自己在工作中不断内化的行为准则。

在 UNESCO 巴黎总部待了一年多之后，想要深入了解联合国工作是如何具体落地、如何影响成员国国家政策的愿望越发推动着自己。我很希望在埋首文书之外，扎扎实实地做一个项目，感受它的生根发芽、开花结果。抱定这样的想法之后，我申请了 ILO 中国和蒙古局国家项目官的职位，并很幸运地拿到了 offer。

"推动社会正义，促进体面劳动。"作为约翰·罗尔斯的拥趸，我一直对 ILO 的工作使命抱有强烈的认同感，希望自己能为减少社会不公平贡献微薄的力量。当得知我将负责 ILO 在中国开展的关于职业技能和终身学习的项目后，我从埃菲尔铁塔一路走去卢森堡公园，把内心所有的兴奋与期待消化，坐在咖啡馆里默写下乔伊斯的句子——"去生活，去犯错，去跌倒，去胜利"，作为给自己的勉励。

使一个联合国项目在国家层面落地，自己需要努力成为一名"六边形"战士，不仅能细致地执行，还要能全面地管理：实施项目计划中的各项活动；协调政府、企业、院校等各种合作伙伴；扩大项目的宣传和影响力；与 ILO 总部和亚太局的专家同事们定期交流；监测项目的进展；完成项目的各类报告……项目没有设置助理岗，这意味着自己还需要快速熟悉 ILO 内部的行政审批流程。

在疫情期间开始新工作，并通过线上的方式启动项目，对于刚回到北京的我来说，忐忑总是比兴奋更占上风。的确，适应期就是"去犯错，去跌倒"的，初次把控预算的自己面对系统里的预算表感觉要两眼一黑，草拟项目文件时中英文的措辞和排序也被办公室的资深前辈指出了不妥，提交审核的项目合同被打回更是常事。看似"小"的工作稍不留意会带来意料之外的大影响，轻慢是最危险的态度。自己一边请教前辈一边摸索着学习 ILO 在中国的其他项目的管理，逐渐建立起了方便自己概览、更新、总结的项目信息系统，也开始更为顺手地铺开项目的各项活动。

疫情好转后，项目的地方试点在2020年冬天正式启动。第一个启动会暨研讨会的准备时间不到十天，从确认开会场地到编制会务手册，从邀请跨了亚、欧、美三大洲的外方专家到准备自己的发言稿和主持稿……就在这样"一个人要像一支队伍"熟能生巧的过程中，一年多的时间里，九个交流研讨会在不同的城市圆满举行。当看到已完成的ILO工具的中文版在会议上被专家们讨论，来自各省市不同行业的参会代表彼此交流地方经验，到最后ILO的方法被政府主管部门接纳、引用，我意识到有什么正在生根发芽。

在项目能力建设研讨会上主持讨论

让我感到幸运的是，所有努力都得到了回报。自己负责实施的第一个项目获得了认可，项目的成果同时被选入了ILO 2020—2021双年度计划全球执行报告和联合国驻华系统2021年国家成果报告中。但对于我来说，更重要的是，实施国际合作项目如同构筑一座桥梁。我想寻求的并不只是完成项目活动，而是以此为基点，添砖加瓦，探索如何通过联合国项目助益国家改善在职业教育培训方面的政策，缓解职业技能与劳动力市场不匹配的难题。

一方面，国际上值得借鉴的经验能够借由项目的实施被引介、被探讨、被运用；另一方面，中国智慧也将通过项目得到总结，并在国际平台上传播。在ILO既往的职业技能指南和工具里，少有中国案例的身影。项目进行的过程中，我结识了职业院校的授课教师和开设技能大师工作室带徒传技的企业工匠，他们分享的经验来自一线，来自实践。通过项目调研和研讨会，我和同事们把这些经验进行汇总，提炼成中英双语的文字案例和动画案例，在ILO相关平台和活动上发布，同时也为ILO正在开发的指南提供来自中国的声音。

未来几年里，ILO 将要制定关于职业技能的新国际劳工标准，它涉及对学徒工作的界定以及一系列劳动权利的保护。我很期待自己在做的工作能增进理念、政策与实践的融通，希望这些细水长流的努力能更深远地造福更多的劳动者们。

国际劳工组织亚太平台介绍项目在国内取得的成果

一路走来，从读书到工作，我至今从未有过遗憾和后悔：选择了我所热爱的专业，在哲学训练的过程中立住自己的内核，并不断用理性和奋进加固它；从事着我所热爱的工作，依然相信"无穷的远方，无数的人们，都与我有关"，迈出舒适区的同时保持踏实与专注。

与不确定性和平相处，理解多元文化，放眼全球不计小我，不畏难敢做事——这是我心目中对一名称职的联合国职员的定位。我期待自己能趋近这一理想，期待着已在计划外的人生旅途中还会涌现更多可能，在宽阔的世界里，做一个不狭隘的人。

写于 2022 年 4 月

管弦，清华大学人文学院 2015 届本科毕业生。毕业后前往牛津大学攻读硕士学位。曾在联合国教科文组织驻华代表处、国际劳工组织中国和蒙古局、联合国经济社会事务部担任实习生、顾问。硕士毕业后入选国家留学基金委—联合国教科文组织合作项目，被派往巴黎总部自然科学部，后就职于国际劳工组织中国和蒙古局，担任国家项目官，负责优质学徒制培训与终身学习项目以及职业技能相关的技术合作活动。

石富：巾帼飞天梦！
中国女航天员系列雕塑原来是这样创作出来的*

■ 儿时那些与飞翔有关的故事

儿时在农村，我曾向往天空中飞翔的小鸟，自由自在，直冲云霄。偶尔遇到为森林洒农药的飞机，便会欣喜若狂，小短腿蹦跶着追出去好几里路，一直追到大山的最高处，踮起脚尖，聆听风、远方和明天的声音。

当然最痴迷的还是听老人讲神话里与飞翔有关的故事，如哪吒的风火轮、齐天大圣的筋斗云，等等，这些美妙而虚幻的梦伴随着我度过了一段又一段甜美的时光。在这些浓郁而甜美的孕育之下，《明天你好》《燕舟》《云雀》等系列作品也先后诞生。

石富个人照

从左到右、从上到下依次为：《明天你好》（青铜 2018 年）、《燕舟》（青铜，2018 年）、《云雀系列之一》（青铜，2019 年）、《云雀系列之二》（青铜，2019 年）

---

* 本文原载于《水木清华》2021 年第 6 期。

这些作品既是《中国孩子》系列雕塑创作的升级版，又是《巾帼飞天梦——中国女航天员系列》创作灵感的基础。

《明天你好》描述的是一个可爱的山里孩子对外面世界、对明天的渴望；《燕舟》刻画的是一只集燕子和大手为一体的飞舟载着一群自然精灵——天真烂漫的孩子驶向远方；《云雀》塑造的则是一群有理想、有翅膀的青年振翅飞翔的样子。同时这三组作品中所呈现出来的浓烈的烂漫色彩，也离不开母校——清华在我成长过程中给与的关心与呵护。

■ 清华"有教无类"的教学理念

2019年5月，时任清华大学常务副校长、现清华大学校长王希勤来重庆看望慰问校友。通过刘杰师兄、冯晓东师兄、赵宜胜师兄和许星全师姐的介绍，王校长见到了我所做的雕塑，他很激动，建议我以"有教无类"为主题为母校进行创作，并语重心长地说："石富，像你这样成长起来的孩子，对这个主题肯定有很深的感触，应该能表现得很好，但是不要着急，慢慢做。"

面对这个光荣而艰巨的任务，我常常陷于苦思，但终究没能构想出合适的作品。

关于清华"有教无类"的教学理念，或许像我这样的青年雕塑工作者用"一个"雕塑根本不能全面地表现出来。是不是就无从下手了呢？

一天，我猛然惊醒，那一个个清华培养出来的、在各行各业中具体的奋斗者和成功者，不正是在这"有教无类"的教学理念下播种、培育、开花、结果的吗？是不是可以用"最笨的办法"，以身处不同职业的杰出清华校友为研究对象，将他们的精神面貌一个一个地用雕塑进行能量转换，最终实现"有教无类"的整体集合呢？

就像贺美英老师在新百年基金筹款时说的那样："如果募集1 000万元，我们希望是由很多很多个人捐赠起来的1 000万元，而不是由一个人捐赠的。"清华的"有教无类"精神或许就是贺奶奶心中所想的那一个个有尊严的、独立的、极具能量、来自四面八方的清华校友的集合。

随着我国综合国力的不断提升，载人航天事业取得了突飞猛进的成绩，不断书写着中华民族传承优秀传统、探索宇宙的大美篇章，在这些令人自豪的章节中就有中国第一位登上太空的女航天员刘洋的故事。

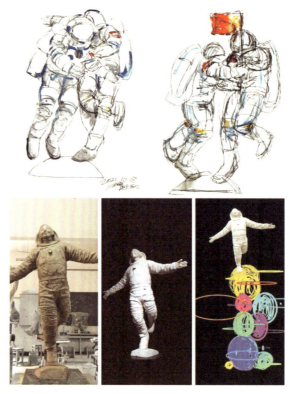

从左到右、从上到下依次为：雕塑草图、《巾帼飞天梦——中国女航天员系列雕塑之一》（泥稿 2020 年）、《巾帼飞天梦——中国女航天员系列雕塑之一》（青铜 50×79×86）、《巾帼飞天梦——中国女航天员系列雕塑之一》（雕塑放大稿）

她在 2012 年 6 月搭乘神舟九号飞上太空。在太空的 13 天中，刘洋出色地完成了任务，进行科学实验，并安全返回地球。这位女英雄刘洋正是清华的杰出校友之一，她的事迹也正是清华"有教无类"教学理念有力的阐释。于是我从 2020 年开始创作《巾帼飞天梦——中国女航天员系列雕塑》中第一件作品的泥塑，并于 2021 年完成。

2021 年 10 月 16 日 00：23，我国发射神舟十三号载人飞船，王亚平是此次"太空出差"团队的唯一女性成员，同时她也将成为中国首位进驻空间站的女航天员。她和刘洋以及所有的女航天员一起用行动实践着"巾帼飞天"之梦。她们的壮举拉开了中国人对"嫦娥奔月"传说的另一种想象。

作为一名青年雕塑工作者，我决心用手中的刻刀去记录时代，用雕塑特有的体量、空间等形式语言，去塑造女航天员们在探索外太空时所流露出来的女性的坚强、勇敢、乐观之美。

巾帼飞天梦创作原型：刘洋，2014级清华大学社会科学学院校友，法学博士、工程师、中国首位女航天员、"中国航天公益形象大使"

  为此我认真研究了著名雕塑家焦兴涛教授为祖国航天事业而创作的经典雕塑作品——《逐梦》。受焦兴涛教授的启发，我又开始了《巾帼飞天梦——中国女航天员系列雕塑》的其他雕塑构思稿，希望这组雕塑能预示中国航天事业从进步到腾飞的华丽升级。

写于2022年4月

  石富，清华大学美术学院2015届硕士毕业生。现为西南大学美术学院教师，湖南弘慧教育发展基金会艺术顾问，中国孩子乡村教育艺术基金发起人。

伏刚：从宁夏来，回宁夏去，比热爱更多的是责任

伏刚个人照

2015年，宁夏回族自治区党委组织部在清华定向招录选调生，我觉得自己能回到家乡工作，为家乡的人民做一些事情，是自己最好的职业选择，经过面试等环节，我顺利地成为一名定向选调生，被分派至中卫市沙坡头区工作。参加工作5年来，我始终践行"行胜于言"的校风，勤奋工作，坚持一步一个脚印，从沙坡头区文昌镇组织干事、柔远镇镇长到沙坡头区工业信息化与商务局党组书记、局长。

工作中我拿出人一之我十之、人十之我百之的干劲，把热血和汗水倾注到基层，对事业忠诚、对发展执着、对工作热忱，以等不起的危机感、慢不得的紧迫感、坐不住的责任感多办民生实事、多解百姓之忧，开拓奋进，只争朝夕，奋力拼搏。下面，我将从为什么选择做选调生、基层工作情况等方面为大家分享自己的心路历程和基层故事。

■ 带着一颗初心

我们的党有初心和使命，每个人也都有初心和使命，我选择去基层正是为了践行自己的初心和使命。我的家乡是宁夏南部山区海原县，交通闭塞，至今都没有通铁路，是宁夏脱贫攻坚的主战场。2005年，我顺利考取理想中

的大学，作为大山里的孩子，这是鱼跃龙门的好机会。但是在走出大山的盘山公路上有一幕场景深深映在我的脑海里，我看到一个与自己年龄相仿的小伙子在放羊，瞬间想起了那个"放羊为什么"的故事。当时的我默默地思考大学毕业了能为家乡做些什么，在我的脑海里萌生了一个报效家乡的信念，这种信念成了我久久不能忘怀的初心和使命。

在清华的学习是十分幸福和宝贵的体验，每一堂课都让我收获颇丰，清华不仅丰富了我的知识结构，更是塑造了我的价值理念。清华大学"自强不息，厚德载物"的校训深深地印在了我的心里，特别是经管学院赵家和教授成立兴华助学基金的故事启发了我的思考：怎样才能实现更高的人生价值？在别的同学都去金融企业实习的时候，我遇到了来清华宣讲的王忠强师兄，第一次接触到"选调生"这个名词。

几经了解，我认为做选调生是我践行初心和使命的正确选择。我将自己的想法向导师刘玲玲教授汇报后，刘教授鼓励我去基层，还告诉我，在甘肃有一名跟我情况一样的师兄做了很多实事。于是我坚定信心，拒绝了北京的工作和落户机会，响应号召回到了养育我的家乡，成为一名定向基层选调生干部，开启了我报效家乡之旅。

■ 树立三个高标准

我接到宁夏回族自治区党委组织部的录用书，这是我人生签订的最沉重的一封责任书，清华和选调生两个名片只能代表过去，深入基层、扎实苦干才是我的新起点。从来到基层的第一天起，我就将"能干、少说、听话、出活"作为座右铭，始终以积极的行动应对各种意想不到的考验，始终牢固树立三个高标准。

一是在坚定理想信念上树立高标准。与一个人的工作能力、知识储备相比，理想信念虽然看不见、摸不着，但是它的地位更加重要，因为理想信念决定着一个人的价值观念、精神状况、行动作风。从来到基层的第一天起，我就时刻牢记"扎根基层、报效家乡、服务人民"的承诺，始终要求自己做到吃苦在前、享受在后、大公无私、锐意进取，时时处处发挥先锋模范作用。

五年选调生活中，我经历了基层换届选举、党员组织关系排查、"两学一做"主题教育、"蓝天碧水"攻坚战、"非洲猪瘟"防控、"大棚房"整治、扫黑除恶专项斗争、新冠肺炎疫情防控等工作。这些工作中的挑战和艰辛始终没有打垮我，因为每当失落难过的时候，我总会想起"自强不息，厚德载物"的校训，总会感到信念的力量在鼓舞我，使我经受住了各种严峻考验。

接收企业捐赠的防疫物资

指导扶贫车间复工复产

二是在自我严格要求上树立高标准。远大的理想要靠严格的自我要求一步步达成。2016年5月，我所在的乡镇党委换届，时间紧、任务重、政治性强，而我毫无经验，恰在这时，党政办7个人调走了5个，换届工作的担子全压在了我的肩上。面对困难，我唯有加强学习、埋头苦干。我连续一个月吃泡面、住办公室，通宵达旦干工作，从方案制定、代表考察、请示批复到会议材料、会务组织、工作报告，每天上下楼都是跑步进行，最终以全沙坡头区第一的进度圆满完成了乡镇党委换届工作。在2016年的"两学一做"学习教育中，我探索制定了"三统一、十必有"的高标准并在全镇狠抓执行，得到了中组部调研组的充分肯定。

三是在满足大局需要上树立高标准。我始终要求自己自觉从大局去看问题，把工作放到大局中去思考、定位，做到正确认识大局、自觉服从大局。2015年，入职3个月的我被抽调到沙坡头区区委参与《中卫市沙坡头区国民经济和社会发展第十三个五年规划纲要》的撰写。为了尽快完稿，连续两个月每天工作到晚上11点，中午也顾不得休息。而就在工作到了攻坚期的时候，母亲心脏病发作住院了，在陪护母亲的第三天，母亲为了不影响我的工作，催促我尽快回单位工作，我恋恋不舍、满心歉疚地回到了岗位。经过不懈努力，沙坡头区"十三五"规划顺利完稿，当沙坡头区一届一次党代会、人代会以这份文稿为统领的时候，我在感觉到成就感的同时，对尽孝父母的责任深感愧疚。

■ 锻炼五项硬功夫

习近平总书记强调：年轻干部要在常学常新中加强理论修养，在真学真信中坚定理想信念，在学思践悟中牢记初心使命，在细照笃行中不断修炼自我，在知行合一中主动担当作为。基层面临的矛盾多、工作压力大，同时也是砥砺淬炼、提升能力的大好战场，我在基层工作的5年，着力锤炼五项硬功夫，增长了才干、丰富了阅历。

一是适应岗位成长需要的能力。为了尽快由一名刚出校门的学生成长为一名基层领导干部，我时常要求自己做到两点：一要保持"本领恐慌"，不断加强学习。时刻谦虚谨慎，看别人的优点乘以1.2，看自己的优点乘以0.8。走上领导岗位后，我始终保持开放、包容的积极心态，不做个人能力突出但是只会单打独斗的"武二郎"，也不做高我者不用的"武大郎"，而是做一个既有专业素养又能充分调动干部积极性的武三郎，尊重老同志，向老同志学习，基层工作能力很快得到了提升。二要接地气，了解风土民情。我要求自己说农村群众听得懂的话，把供给、需求、效用、四个全面战略布局、五大发展理念这样的名词记在心里，把老姨妈、失地农民养老保险、低保救助这样的名词讲在口中，很快和群众打成了一片。

二是换位思考的能力。我认为做基层工作，要有时时刻刻换位思考的意识。只有始终保持换位思考的积极性，才会进一步增进我们同群众的感情、拉近同群众的距离，增强同群众一块过、一块苦、一块干的自觉性，才不会搞形式主义、官僚主义。

2018年年初，任职于柔远镇镇长的我就遇到了一件让我左右为难的事情：农户范大爷在城北沙漠植树造林35年，绿化沙漠500余亩，但是范大爷用来灌溉的水池侵占了石墩水沟河道。根据河长办的督办要求，镇政府只能在两周内把水池填埋。第13天的时候，施工队的推土机轰鸣而至，范大爷一家人拿着铁锹坚决挡工，形势一发不可收拾。看到范大爷花白的头发和满脸的皱纹，我的心头久久不能平静，因为我知道填埋了储水池就等于把范大爷35年的心血毁于一旦。突然，一个公式在我的脑海中闪过：$a_1 \times b_1 = a_2 \times b_2$，于是我与施工队协商把水池侵占河道的部分填埋，在岸边又开拓出等面积的部分，既解决了河道治理难题，也赢得了范大爷一家人的尊重和感激。

三是处置突发事件的应急能力。当发生突发事件的时候，作为领导者要具备当机立断做出决策的缜密思维和解决问题刻不容缓的智慧，将突发事件的影响降到最低。

四是获取社情民意的能力。虽然我们都明白兼听则明、偏听则暗的道理，但是真正地在具体工作环境中做到这一点，并不容易，需要有宽阔的胸襟和敏锐的研判能力才能做到听得到、听得懂、听得透。

2016年，我担任文昌镇党委委员之后，负责福润苑A区营业房回迁安置工作，这是我第一次接触回迁安置工作，一到现场就被业主围了起来。通过交谈，我了解到这项工作最大的矛盾在于群众都想选择主街上的营业房，而主街上的营业房只有不到一小半，并且群众普遍要求按照拆迁前左邻右舍的顺序分配，而不是按照拆迁合同顺序号分配这样的惯常做法进行。如果采纳大多数业主的意见会扰乱全市的房屋分配秩序，工作干砸了自己也要陷入被动局面；但是如果采纳大多数业主的意见则会提升工作效率。

经过深思熟虑和仔细测算，我研究制定了主街背街强制搭配的分房方案，确保每户都能分到主街的营业房，经过请示主管部门，确定了按照群众主要意见办理的思路，并且召开了业主会议，选出了业主代表去全程监督。通过一套组合拳，只用了3天时间就把56户拆迁群众妥善安置到位，赢得了"博士分房效率高"的赞许。

五是解决复杂问题的能力。招商引资工作从项目洽谈、意向达成、合约签订、行政审批到施工建设是一项系统工程，往往牵涉国土、规划、水务、电力、交通、农业、矿产、通信、园区、乡镇、市直、本地竞争企业等多个主体，经常会遇到牵一发而动全身的复杂问题。这类问题具有系统性和动态性，任何一个门槛迈不过去就会功亏一篑，而招商引资企业对本地的营商环境并不熟悉，经常四处碰壁。

我带领沙坡头区工业信息化和商务局工作人员，为企业提供全程的保姆式服务，全程代理代办，把自己的专业知识充分运用到了工作岗位上，很好地处理了整体利益与局部利益、当前利益与长远利益的矛盾，统筹兼顾各方利益，破解了很多业务难题。在我和同事们的努力下，一批化工新材料、智能制造、功能农业项目在沙坡头区安营扎寨、蓬勃发展，而每一个项目的建设投产，我们都付出了艰辛的努力。

在招商引资洽谈现场

■ 写在最后

转瞬之间，5年时光飞逝而去。我已经记不清吃过多少碗泡面、加过多少次夜班、下过多少次田间地头。我的同班同学已经有人作为企业合伙人去纳斯达克敲钟，相比而言，我的历程很平凡，但是我觉得自己也很有成就感，因为我一直牢记组织嘱托，不负母校期望，勇担重担，为民服务，在摸爬滚打中增长才干，在层层历练中积累经验，扎根基层，服务基层，将自己的抱负与理想实现于基层，一步一个脚印践行初心和使命。

写于 2020 年 4 月

伏刚，清华大学经管学院2015届博士毕业生，毕业后赴宁夏做定向选调生。

姜磊：矢志强核报国

■ 青春就要敢想敢拼

2006年，怀揣着对大学生活的憧憬，我来到了清华园，在工程物理系开始了求学之路。在清华期间，我有着双重身份，一是清华的本科生；二是中核集团的定向生。定向生的身份使我感到光荣，这重身份也让我感受到清华文化和核工业文化的和谐统一。清华教育我们"又红又专""立大志，上大舞台"，而核工业是国家的脊梁、国家的"战略基石"，中核集团恰是我们毕业后的"大舞台"。由于定向生身份，我获得了很多去核工业相关单位参观、学习、交流的机会，在大学期间便确定了职业发展的方向和目标。

大学4年，我增长了见识和才干，结识了一帮志同道合的同学、朋友。在学业上，我多次获得奖学金，以及清华大学"优良毕业生""优秀军工定向毕业生"称号；4年的积累让我获得了免试直接攻读博士学位的资格，成为清华大学与核理化院联合培养的博士研究生，在清华读博期间，我先后承担了班级党支部书记、工程物理系研究生会主席、学术工作助理等社会工作，获得了多维度的能力锻炼。

日常工作

2012年3月，我来到联合培养单位核工业理化工程研究院，在导师张小章教授和王黎明研究员的共同指导下，正式开始博士课题研究。在两位导师的精心指导下,我的学术素养、专业技能、工程实践能力均有所进步,也让我坚定了扎根核工业的决心。

■ 用奋斗谱写青春乐章

2015年,我结束了5年的博士研究生学习生涯,入职核理化院。在核理化院院士、专家、学科带头人、领导及技术骨干的关心和帮助下,我迅速完成了由学生到科研人员的角色转变,为将来在核工业的"大舞台"上挥洒青春汗水、谱写奋斗诗篇奠定了基础。

在此期间,我坚持从小事做起,注重细小的技术进步。我认为任何一件复杂工程问题,都可以拆分成有限个细小的技术环节,只要把每一个细小环节研究清楚,再复杂的问题也能迎刃而解。同时,我时刻提醒自己理论联系实际,"纸上得来终觉浅,绝知此事要躬行",我和研究团队从大处着眼,从小处入手,坚持理论与实验相结合。我尽最大努力把握好每个细小的环节,把每个公式推导好、把每个关键试验数据分析清楚。在那段日子里,我一次又一次重复着"推导公式、核算结果、分析数据、比对试验"这一套规定动作。

由于有前期的理论研究作为支撑,我开始致力于将研究成果应用于工程实践,领导把专用设备保护系统技术攻关任务交给了我。我深知项目的重要性:攻关一旦成功,将推动我国专用设备保护系统自主化设计能力迈上一个新台阶。但这项技术仅有零星几篇报告可供参考,对初入职场的我来说有较大难度和挑战。

在天津一所中学做核科学分享会

面对任务,我深知只有学习"拓荒牛"精神,才能迎难而上。我与科研团队提出了多套解决方案,但前行的道路并不是一帆风顺,经典理论推导结果与试验结果仍存在较大偏差,面对波折与失败,团队和我始终没有放弃。经过不懈拼搏,该动力学分析最终获得关键性技术突破,填补了我国在该领域的分析技术空白,该技术获国防科技进步一等奖,中核集团科技一等奖,现已成功应用。

■ 众人拾柴火焰高

凝聚力强、富有战斗力是我所在团队的特点,团队成员对事业的热爱与执着让我深受鼓舞,我也充分认识到团队协作的重要性。走上领导岗位后,我始终坚守在科研一线,不断提高自身综合素质,注重加强团队建设,把从前辈身上学到的无私奉献、大力协同的精神不断传承和发扬。

长期的一线科研工作让我积累了许多经验,我也意识到自己的身份逐渐从"学生"转变成为"老师"。我开始指导青年申报中核集团青年创新团队项目和英才计划项目,带领研究团队奋战在设计与试验的最前线,鼓励团队成员在专用设备设计、验证试验系统建设、前沿技术探索等方面勇于担当、刻苦攻关。2017年,在核理化院团委的号召下,我作为首批青年代表走进梅江中学课堂,为同学们做了主题为"'核'心点亮未来"的报告,为现场的同学们进行了核工业相关知识的科普。

与团队探讨项目(左)

■ 荣誉是前行的动力

荣誉的背后，有努力、有艰辛，但能够为核事业挥洒青春汗水、谱写奋斗诗篇，也是我在平凡工作中的伟大追求。工作 6 年以来，我发表学术论文 7 篇、撰写 GF 科技报告 20 篇、获得授权发明专利 5 项。先后入选中核集团首批青年英才计划、天津市青年人才托举工程等青年人才支持计划。

2017 年，我因工作中获奖参加了中核集团年度工作会议。在分组讨论会上，我介绍了自己定向培养、联合培养的经历和工作后的成长过程，并建议将中核集团定向培养和联合培养的模式向更多的高校推广。

2021 年 4 月，我承担的集团公司青年英才计划项目通过验收，获评优秀等次。

2021 年 5 月，我获得中核集团首届青年五四奖章，并作为获奖者代表在颁奖会上发言，分享了我对新时代核工业青年如何更好地担当历史使命的思考，获得良好反响。

获得中核青年五四奖章

我一直认为，我只是千千万万青年科技工作者中的普通一员，我所在的岗位很平凡，我的经历也很普通，但我肩上的使命神圣而又光荣。我们不仅要"仰望星空"，做最前沿的技术探索，更要"脚踏实地"，解决好每一个具体的工程问题。时刻牢记核工业人的初心与使命，坚定对核事业的热爱与执着，在平凡的岗位上挥洒青春汗水、做出不凡成绩，不畏艰险、甘于奉献，不断磨炼、刻苦拼搏，在新时代核工业的"大舞台"上施展才华，书写无悔的青春乐章！

调试项目设备

写于 2021 年 9 月

姜磊，清华大学工程物理系 2015 届博士毕业生，毕业后赴中核集团工作。现任核理化院 803 室主任，入选中核集团青年英才计划、天津市青年人才托举工程等人才支持计划。

沙垚：愿以深心奉尘刹，螺蛳壳里做道场

本科时期的沙垚

离开清华已经第八个年头了，我很想念她。

在清华待了整整10年，留下了最美的青春，也形成了我面对未来、面对世界的方式。工作之后常常有人问，你在同一个学校待10年不腻吗？我总是微微一笑而不答，因为清华的快乐他不懂，这个学校的深度和博大足够体会一辈子。

■ 10年清华，16年乡村

一有机会，我就要津津有味地说起，2005年我是坐着出租车从西门的正门进入校园的。那天是大雨初晴，天空很明丽，地上的水洼里漂着落叶。

来自南方小镇的我,不知道自己的人生将通向哪里。我的老母亲至今不能理解,自己的儿子考上了最好的学校,却把事业放在了最土的乡村,这是为什么。

田野工作时的沙垚

10年清华,我调研过的村庄数以百计。其中的三个村庄,我前前后后追踪了9年。当2018年评上副教授的时候,我还在使用2008年本科的田野素材,往事种种,恍如昨日。不禁哑然失笑,这到底是个值得骄傲的事,还是一个可悲的事呢?

依然记得2008年秋后,初识史宗恺老师,他对我的影响是巨大的。我一直觉得自己是一匹驽马,但他视我为千里马。在此后的岁月中,他不断告诉我,在为稻粱谋之前,请先为理想而谋,年轻人应该有探索未知世界的野心。正因为如此,让我能够跳出自己学科的偏狭,在宏大的思考和微观的经验之间跌跌撞撞,寻找自己的位置。他说,你要用10年的时间搞清楚中国农村长什么样,就像理工科的实验,用一本书勾画出一个切面来,然后告诉世界50年后中国农村应该是什么样的。毕业之后,从西北到东南再到中原,我一直行走在乡村的小路上,也始终诚惶诚恐,不知能否完成先生的殷殷期盼。

这几年,恰好赶上了乡村振兴的大时代。我开始从理论研究转向一线实践,把自己当作"触媒",就像一块石头扔到乡村这池春水中,去看那圈圈涟漪。通过介入一些政策的制定、制度的运行和产业的设计,去看权力如何流动、资本如何流动,去看不同的主体如何选择。2021 年,清华大学 110 周年校庆,清华校友总会举办的校友 HiTC 演讲大会,我应邀参加,在演讲中我说:"作为一个学者,没有什么比投身于社会一线实践更让人感到激动的了,更何况我还能在其中充当一个角色,并发挥一定的作用,影响现实。"

清华大学 110 周年校庆时参与校友 HiTC 演讲大会

从 2006 年暑期实践算起,在乡村这个方向上,我已经走了 16 年了,从田园将芜到乱花渐欲迷人眼。我也还会继续走下去,这是我的坚持。

■ 花前月下,荷塘夜煮茶

2009 年以来,我不是在课堂,就是在乡村;不是在乡村,就是在荷塘。荷塘煮茶成为我在清华的又一个标志性动作,2010 年,我发起成立了清华学生茶社。荷塘莲桥旁边有一个观荷台,我熟悉那里的一草一木、一花一叶。最疯狂的时候,我还从淘宝上买来梅、兰和菊,在河边的空地种上,每日去浇水;没有买竹,是因为那里本来就种着很多竹子。那时候,有人弹琴、有人吹箫、有人下棋、有人吟诗,好不热闹。毕业之后,也回去过几次,观荷台已经成了老人们晒太阳、打麻将的地方,倒也温暖可亲。

曾经登上了清华大学开学迎新的道旗

导师李彬教授曾不无风趣地形容我的"双重人格",一边是"对月伤心、见花落泪的文学青年",一边是"脚踏实地、心系苍生的传播学者";一边是"手头枕边仍有红楼相伴入梦,花前月下常与朋友煮茶品茗",一边是"一路风尘仆仆、日入日深地做着泥巴汗水的朴素学问"。

■ 风乍起,如何面对西山东海

后来的岁月并不如文字一般静好。作为学者,由于知识分子聚集,难免有文人相轻,更不缺恶意攻伐,甚至到了身败名裂的边缘;也曾为贫穷所扰,一地鸡毛,狼奔豕突,被生活之网遮蔽了全部的日月……剪不断理还乱,而我却无处可逃。

生活就是这样。世界就是这样。你还爱她吗?

我没有想到的是,乡村和茶已经成为我心灵的故乡。无论发生什么,只要坐下来,喝一杯茶,绿茶的自然之美或是岩茶的匠艺之美,总是让人泪流满面。茶，一定是苦的。但无论是种茶人、制茶人还是泡茶人，都想方设法地去掉苦涩，留下鲜爽甜醇，这种明知不可为而为之、对残缺美的崇拜，像极了生活。杯中山水，即是人生。真正的乡村，不是田园牧歌、绵绵乡愁，也不是一路悲歌唱到底；真正的乡村，是有血有肉、有情有义、万物生长的地方；真正的乡村，是各种力量相互缠绕和博弈的正在进行时。而乡村里的人们，他们面对社会转型期的种种不确定，依然艰难而努力地生活，是在"螺蛳壳里做道场"。

2021年校庆期间，清华新闻学院发起了一个"写给18岁的自己"的活动，我写道："愿以深心奉尘刹。尘刹尚可奉，还有什么不可以。要身处苦难，仍然有倚窗望月的心情。要有一种能力，既不忘初心，又收藏理想。"

我至今依然记得2012年硕士毕业的时候，周庆安老师在毕业典礼上的那段话："我还要再说一次，你们是精英，你们可以不承认，但你们是精英。精英的意思不是以自己为上，而是以周遭为要。你们要多关注身边的每个人，多关注这个社会的方向和风雨。收藏理想，等待机会成了你们这一代最终能否成功的关键，也成了中国未来的某种希望所在。在这个时代，你们或许无法选择做什么，但是你们至少可以选择不做什么。"

我相信，毕业之后，一定有很多的同学和校友们正在体验着生活的酸甜苦辣，有人依然在追光，也有人已经选择躺平；有人还在执着于高尚的家国情怀，也有人已经娴熟地进行着精致的算计……但是，当我们面对大海，面对西山，听到"西山苍苍、东海茫茫"的校歌时，你心中是否会荡过一丝波澜？视线是否会有一丝模糊？

真正的英雄是在看透生活本质后，依然热爱生活的人。

2015年毕业的时候，我作为学生代表，在全校研究生毕业典礼上发言，我说清华人要把天下作为校园，要有"以天下苍生为念"的菩萨心肠，要有对人民的热爱和对苦难的慈悲。

写于2022年4月

沙垚，清华大学新闻学院2015届博士毕业生，毕业后到中国社会科学院新闻与传播研究所工作。

徐佳倩：从麦肯锡到bilibili，一个非典型理科生的文娱业之路

■ 非典型理科生的感性道路

我是个非典型的理科生，从小数理化学得比文史哲好，但对探究人类社会和艺术感性表达又颇为擅长。生长在中国的娱乐之都湖南长沙，从高中开始我就很幸运地得到了一些往电视编导和播音主持专业方向发展的机会。

清华同样重视文艺工作，大一大二两年，我依旧投入了不少时间在学校的电视台和各项文艺活动上，组织学生节的班级节目、参与电视台的采访拍摄、主持各种活动，享受每次通过自己的作品去传递和表达、去影响观众的成就感。

主持毕业声音乐节（右）

大二下学期对于我在职业选择的思考是一个很重要的转折点，一方面，我很幸运地借助学校的平台走出校园，让自己的主持特长往职业化方向发展了一步；但另一方面，我也感受到了内心强烈的不安。

站在现在来回看，是有两个观念在影响我：一个是我很在乎从自己投身的事情中寻找自我的成长和意义，但主持包括内容制作这件事，很大程度上是一个"工具"，我已经很难从这件事上再得到进一步的成长，反而是不断

地在空耗和重复；另一个是清华一直强调的"行胜于言"的踏实校风，让我在面对名利诱惑的时候给自己踩了个刹车，重新审视自己的积累和真正能创造的价值。于是在互联网文娱行业爆发的前夜，我决定转往商业领域，从企业运行和发展的角度寻找关于价值的答案。

■ 半路"转行"，深入商业理性

半路"转行"其实是个令人兴奋又很有挑战的决定。我从小到大都不是对"赚钱"很有概念的人，对于思想品德课本上中国经济的描绘也都是一知半解，所以一开始对商业领域的很多概念和逻辑学起来颇为困难。可能我真的还是个比较适合实践的人，于是在创业项目、VC和商赛里逐渐积累了对商业的了解。

毕业的时候，因为我并不是很确定自己希望长期从事的行业，于是选择了管理咨询顾问这个"万金油"职业，希望通过顾问身份对不同行业、不同企业的观察和研究，继续深化自己对商业社会的理解。

由于加入咨询公司的目的就是更多探索不同的行业和企业，我在咨询公司不到2年的时间里基本没有做过重样的项目，其中有两个比较小众的项目对我的改变颇大。

一个项目是为中国发展研究基金会制定未来5年的战略规划，这个项目属于公司的公益项目，不向客户收费，也没有太多预算可以投在专家访谈等信息获取手段上。顶着压力上了这个项目，我通过清华的老师和学长学姐们的帮助联系到了诸多行业"大佬"为我们提供专家访谈，也顺利地推进了项目的交付，甚至帮助客户促成了募资。

另一个项目是为一家上市地产公司推动组织架构变革，这个项目需要每天与客户面对面工作和处理极其复杂的企业内部关系（团队成员甚至每人都有客户公司的OA账号），团队的工作最终实实在在地帮助客户梳理和落地了新的组织架构。

通过这样几个非典型咨询项目，我开始深刻意识到我最在意的价值创造是把业务落地而不是仅仅交付报告。在做大量信息分析的同时，我也擅长协调和处理复杂关系，这些认知也推动我更加坚定了自己日后往甲方企业（而非金融投资）的发展道路。

■ 理性与感性的最终会合

考虑到自己仍旧最热爱和了解传媒文娱行业，我将过往内容制作的经历和咨询公司的商业经历做了结合，并在离开咨询公司后先后服务了行业里成熟期和成长期的两家头部互联网文化内容公司。

虽然仍旧是战略岗位，但在甲方企业里接触的任务可谓是五花八门，上到协调公司最高层做战略规划探讨、对接合作伙伴，下到和编剧磨付款需要开什么类型的发票、协调业务推进中的摩擦（我喜欢简称为"劝架"）。我参与到了业务执行和企业经营管理的方方面面，不仅深度了解了一个企业是如何组织和运行的，更加意想不到的是，对一个领域的深挖反而让我见微知著、对商业和经济都有了更深刻的宏观认知。

任何一个非服务性行业，其本质都是由产品和渠道两个方面组成的。对于内容行业来讲，产品就是我们看到的电影、电视剧等作品，渠道就是我们用来看它们的电视台、电影院和视频 APP。这两个环节创造价值的模式非常不同，产品讲精益求精、十年磨一剑，失败率高，而一旦成功就是超额回报，渠道讲唯快不破、跟时间赛跑，利润率薄但贵在稳定。而身处不同阶段的公司，面对不同时期的市场宏观环境和竞争格局，企业有什么牌、要出什么牌、怎么出牌，每一个决策对于结果都至关重要。

和企业类似，我们每个人的职业境遇和成就也会随着行业环境和职业策略的变化而发生波动，我自己的经历就让我感触颇深。

选择互联网文化行业时，我仅凭自己的满腔热爱。但回到我决心转向商业领域的 2015 年，爱奇艺推出了《盗墓笔记》，吹响了互联网视频迈向专业化的号角，由于资本的加持推动了内容行业产能从体制内向市场化迁移，因而在后续几年间创造了大量需要内容＋商业背景人才的岗位。

刚离开咨询公司时进入了大厂的传统影剧制作业务，入行两个月就爆出阴阳合同事件，行业泡沫破裂坠入寒冬，宏观环境让之后两年的业务发展极为艰难，我自己也在其中颇为挣扎。

而疫情让线上文娱迎来又一春，我调转思路，凭借之前产能端的经验和积累加入高速发展的赛道和组织，跟行业继续一起快速成长。我很幸运地找到了自己感性和理性的交点，并愿意持续在这里以我所长创造价值。

回看自己的青葱时光，我觉得社会和校园最大的不同在于环境的不可预测。在学校时,每个学年、每项活动、每个阶段应该做的事被安排得明明白白,我们也非常轻易地能把学生时代取得的成绩向内归因。

而世界的残酷和魅力都在于它的变幻莫测,个体完全无法掌控,秉承着清华低调踏实的价值观,我更愿意认为职业的成绩是时代选择了我们,宏观大势和内心召唤终将引导我们走向最合适的位置。愿每个人都能找到自己的那个位置,创造自己认同的价值。

徐佳倩个人照

写于 2021 年 8 月

徐佳倩,清华大学社科学院 2016 届本科生,毕业后曾任职于麦肯锡咨询公司、腾讯,现就职于 bilibili(哔哩哔哩)。

毕滢：创业维艰，我不后悔

Hi，我是毕滢，很高兴你来听我说说我的故事。

我在2009年进入清华精仪系读本科；2013年，在研一时与小伙伴一起成立了清华创客空间；2015年，因为创客空间而获得了李克强总理的一封回信；2016年，毕业的同时继续做教育行业创业；2017年年底，被收入网易有道成为其旗下工作室。一路上跨过许多坎，也遇到过许多幸运的事情，接下来和你一一分享。我尽量不说太多空泛的大道理，更希望你能从我的过往经历中吸取一些经验与教训。

在刚上大一的时候，其实除了学习以外我只知道玩游戏，和室友在周末通宵玩CS是大一的常态。我相信会有部分清华同学和我有同样的想法：身边的同学都这么优秀，好像我自己做什么都难以出人头地了，那就让自己麻痹在游戏的世界里吧。后来在大二时一次偶然的机会我了解到了Arduino这样的开源硬件，发现原来做出那些酷炫又好玩的科技项目其实并不难，Arduino这样的平台真的让科技创造变得简单了许多。只需要几行代码，把硬件连起来，你就能制作一个智能小车了。这样低门槛的软硬件平台让我非常着迷，感觉自己终于有了一个课内学习以外的目标追求。因为之前自己脑子里总有许许多多奇妙的想法，现在终于有一个路径能把它们都创造出来了！

Arduino 硬件

知道Arduino以后，我迫不及待地想要买一个回来自己玩玩，实不相瞒，买Arduino是我第一次用淘宝，还是在卖家的帮助下才完成的整个购买流程，在那之后我就沉迷于购买各种小电子硬件产品，来实现自己的各种奇思妙想。我试过给家里的小狗做一个远程遥控的玩具，试过在学生节给衣服装上编程控制的灯条让同学们来表演，试过做一个钢琴阶梯，也试过造一个用灯光模拟的海浪屋。也正是在做这一个个有趣的项目过程中，我自己的信心逐步得到了增强，目标也渐渐明确。

回过头来看，Arduino 这样的平台真的让我非常受启发，它把硬件制作的门槛降到了最低，让每个人都能去创造。它也同时让我领悟到了另一种学习方式，即先开车，后造车。

你也许想问什么是先开车后造车，回答你之前让我来先问你两个问题：

我们学开车需要了解发动机原理和车身设计吗？

我们在家学做菜需要先练 3 个月刀工才能开始切菜吗？

很明显答案都是否定对吧？那么学习又何尝不能如此呢？从小到大我们在课内的学习方式都是自底而上，即需要先学习完整的基础知识点，最后才能到应用的部分，甚至实验操作环节都是直接略过了。但是你要知道这是以考试为目标的学习方法，考试需要考细节知识点，但是开车不用呀！做菜也不用呀！当你不是为了考试而是为了应用去学习某个技能，没必要把自己搞得那么累，先用最快的方式把能实现的东西做出来，细节的部分、原理的部分再慢慢补充。这就是我所说的先开车，后造车。既然最终的目的是为了开车出去玩，那就先把车开起来，玩起来，在开车的途中你会对这辆车的更多细节逐步有了深入的了解。没有必要先学会造车，对细节都事无巨细地了解，然后才握上方向盘。当你只是一时兴起而去尝试学习新技能的时候，如果一上来就学相对枯燥的基础细节、理论知识，是很容易就会失去兴趣而放弃学习的，这样的例子在我的生活中实在太多了。入门新领域的关键就在于尽可能地保持你初始的热情坚持下去。

也正是为了让更多的同学以更低的门槛去用科技的力量创造心中所想，在研一期间我与小伙伴们成立了清华创客空间学生社团，确定了一个我至今都非常喜欢的口号：动手造万物，人人皆创客。由于我们申请社团的时间较晚，正式成立的时间可能会错过每学期的社团招新大会，但我们又不甘心放弃这么宝贵的机会，于是提前印了易拉宝和海报去招新现场蹭热度。到了现场，我们当时看到某个社团人没来，于是把桌子拉到对面，易拉宝打开，海报铺开，假装是个正式社团也出道招新了。

第一次招新的场景

社团的成立让我的生活变得非常充实，也认识了很多新的朋友。我们当时不遗余力地每周举办活动，让所有感兴趣的同学都来参加，不管基础如何，我们都会尽力用最低门槛的工具来帮助大家去实现自己的想法。也正是在创客领域的这些努力让我们于2015年的五四青年节获得了李克强总理的一封回信。总理对我们在创客方面的努力进行了肯定，而这也让我们因此受到了不少电视节目的采访。

总理给我们回信的新闻报道

乘着创客的风口，我们参加了越来越多的活动，规模也越来越大，甚至来到了国际的舞台展现自己。而当时的这一切，你如果告诉大一时的那个我，是无论如何也不敢相信的。我也没有刻意去追风口，这条路是按照自己的兴趣走出来的，只是恰好走到了一个风口上，被带着飞得稍微远了一些。

2015 世界科学记者大会演讲

2016 哈佛中国教育论坛演讲

有了研究生前两年做社团的经验，加上我在这两年所接触到的不同行业的朋友，让我开始产生了创业的想法。不好意思地说，其实有了创业的冲动后，我并不是明确地知道自己要做些什么，只是心中觉得见过了这么多，不想就带着这份冲动去做朝九晚五的工作，一定要自己去闯一闯。回过头来看，当时其实并不是一个很健康的创业心态，如果只是为了创业而去创业，往往容易走上歪路，而我只是由于幸运女神的眷顾而没有走得太偏。

有了创业的想法之后，我很自然地就拉上了当时一起做创客空间的两个小伙伴准备大干一场。结合我们的背景以及对行业的认知，我们最终选定的创业方向是青少儿 STEAM 教育。那段时间我看了很多创业相关的新闻报道，也去学了很多创业相关的知识。我把 BP 改了一版又一版，去参加了一场又一场的融资路演，然而一直也没有得到什么好消息。那一段时间真的压力非常大，看着创业新闻中都是今天这个融了多少钱明天那个融了多少钱，再看自己好像怎么也干不成，真的非常让人崩溃。并且这个时候本来准备一起创业的清华小伙伴也打算退出了，真是屋漏偏逢连夜雨。不过我倒也不怪他们，毕竟清华同学出来找的工作都挺不错的，凭什么让别人跟着一起去追寻那看起来没有亮光的远方呢。

在当时那段难熬的时间里，我非常感激父母的支持，是他们让我坚持了下去。我的父母向来比较开明，当我表达了创业的想法之后，他们也是非常支持，想尽了一切办法来帮助我。他们告诉我趁着年轻多闯闯挺好的，以后年纪大了压力更大就很难闯得动了，趁着年轻抓住机会多去尝试吧！不管最终结果如何，这个旅程一定会是你一生的宝贵财富，这一路下来你也一定会学到许多。这些就是我父母和我说的。

而与此同时，导师的支持也让我更加坚定了信心。我还记得当时由于创业要做的事情太多了，而我的毕业要求也已经达到了，于是发邮件和导师说现在想创业，实验室的事情是否可以放一下？说实话我是已经准备好导师会把我叫到办公室好好说一顿的，结果没想到没过一会就收到导师的邮件，里面就五个字："好，祝你成功！"这大约是我这么多年来印象最深刻也最感激的一封信了，遇到一个好的导师真的太难得了。我也因此得以投入更多的精力到自己的创业上，去尝试更多的事情、更多的方向。

经过这些小小的挫折后，我变得更加地专注，不再去看那些融资创业新闻，只去关注自己的产品和内容。经过研三一年的折腾，我也顺利毕业，在启迪的孵化器里租了一间小小的办公室，招了小小的团队踏踏实实地去做产品，去积累内容。当你不去凑那些路演融资的热闹，而是把时间放在自己的产品上时，心里反而感觉更加地踏实。当我们把产品、课程设计出来并招来客户时，前方的曙光就感觉越来越亮了。也正是在毕业创业一年后，我遇到了网易有道，他们正好在寻找编程方向的教育团队，我对有道的团队、方向也非常认可，于是一拍即合，我也顺理成章地来到了有道，以旗下工作室的方式，继续抱着普及科技的心态在教育行业不断探索，致力于让更多的朋友可以学会利用科技去改变世界。

最后我希望和还在校的小伙伴们说几句。如果你有一些想法，不要耽误，现在就去尝试吧！趁着还在学校，你的试错成本是非常低的。也不要总想着还缺这个缺那个，你所缺的只是把想法付诸实践。试想如果所有的东西都准备好了为什么还需要你来做呢？如果你有一个想法，就尽快用最低的成本、最快速的方式去验证它，能开个公众号验证的事情就不要先做个APP，能拉个群招来种子用户的事情就不要想着非得做个网站。确定最核心的需求，利用MVP（Minimum Viable Product，最简化可实行产品）验证，然后进行快速的迭代，我相信如果真的是个好想法，用不了多久你就会发现是客户倒逼着你去开发APP或者网站了。

所以，加油吧，动手造万物，人人皆创客！

写于2020年4月

毕滢，清华大学精仪系2016届硕士毕业生，毕业后自主创业，创立为北京造万物科技有限公司。

陈淑文：点亮贫困户心里的"路灯"

陈淑文个人照

人生最大的敌人不是失败，而是甘于平淡、安于现状的心。遵从内心的选择，敢于突破，才有精彩的人生。我生于农村，在我们村、镇和县完成了小学、初中和高中学业，17岁时被一纸通知书录取到千里之外的城市读大学。毕业前夕，在众多职业选择前，怀着对儿时农村的眷恋，我选择了成为一名选调生。

2016年11月3日，我到九江县港口街镇进行为期两年的基层锻炼，挂职期满后我回到原单位工作。刚回市直机关时我心里曾有过一阵空落感，我明白，这是因为我在基层两年多付出了大量心血做成了几件事情。调整状态后，我又回到了满血战斗的状态。

如果说在乡镇挂职锻炼的两年让我对农村有了感性认识，那么，回到市直机关工作后又下沉扶贫则让我对农村开始了理性思索。回顾一路走来的经历，有喜有忧，而我一直在成长，变得更加自信从容。

■ 亲力亲为的高材生

我独立分管的第一件工作是完成一个总投资250万元的省级环保专项资金项目。那时我才到镇上3个月，面对上级部门隔三差五的催促、镇上环保口子严重缺人及领导对我这个"高材生"的期望,我告诫自己绝不能栽跟头。

"工欲善其事,必先利其器。"我找到环保办主任商量对策,认真研究有关材料,抓紧时间恶补各类业务知识,与相关单位和部门对接。我把供应商公司总部电话打成了热线电话;找专业律师做顾问;不仅要求环保办主任和监理每天到场查看施工进度并及时报告,每天还要抽空骑自行车去现场确认。"陈镇长,您派我们来监督,我们要在工程确认单上签字的,您工作忙,不用天天来工地看。"见我每天都出现在工地,监理笑着提醒我。但我明白,小心驶得万年船,多一个确认就多一份保险。

百密仍有一疏:比如,污水管道的开挖位置及深度无法满足引流要求、管道拐弯被增加工程量、部分村民无偿占用已征收土地种菜却要求赔青苗费、开挖管道前未进行地质勘探而挖到大量地下涌水口、挖坏自来水管和高压线导致停水停电、与施工老板为工程进度和质量撕破脸皮吵架……

这份任务曾让我倍感吃劲,但在领导的支持、部门的协助和同事的配合下,一年后,我负责的两个污水处理站全部建成并投入使用,通过了上级部门验收。这段经历也帮我从中掌握到了工程项目实施的一整套方法和经验,此后再接手各类大小项目,我都不再因不知所措而过分焦虑,而这些也为我后来负责矿山生态修复奠定了基础。

我意识到,只要尽忠职守、坚守底线,认真监管每个环节,放下"高材生"的架子,虚心并积极向身边人学习请教,获得大家的支持,就算是从来没执行过的任务最终都能顺利完成。

已经建成的污水处理站

■ 滴壳的小咪嘚

"路灯终于都亮了,咡（九江话，这个）小咪嘚（九江话，女孩子）真滴壳（九江话，了不起）。"这是我 2018 年春节收到的最珍贵的礼物。

港口街镇地理位置特殊，"集镇"路长近 14 公里，沿途近千盏路灯因年代久远失修等原因已不能照明，陆续有人多途径向我反映，没灯的夜晚出了各种事故。"这些路灯当初都不归我们管，有些都坏七八年了，一下子也修不好。"有同事背后这样提醒我。

群众有了困难，我们就要解决。在我的建言下，2017 年 9 月月初，书记在镇党政班子联席会上通过决议，决定一定要修建好路灯。"知己知彼，百战百胜"，为此我连续花三个晚上到集镇了解路灯状况，然后通过电商平台、实体商店及同事调查，确定了不同路灯的价格及维修费用，反复修改后，我制定的一份路灯维修改造方案并顺利通过。

"陈镇长，我们现在把地下被挖坏的所有线缆都接通了，今天晚上就能正常亮灯，现在你跟我来现场验收一下。"在老村支书和区路灯管理所工作人员的帮助下，2017 年 9 月 29 日，第一批路灯维修完成，30 盏 25 瓦路灯重新点亮了夜晚的老集镇街。

为保证剩下的路灯在规定的时间内及时亮灯，与同事商量后，我草拟了"捐赠一盏灯，照亮万民心"倡议书，发动各单位、贤达人士捐款。我们共募集到爱心资金近 30 万元，不仅把从没装过路灯的老路新装了太阳能路灯，还把剩余的已损坏的路灯统一进行了电缆维修或改造。

"陈镇长，这些路灯是灯头坏了，需要升降车我们才能工作。""陈镇长，这段路灯可能是线缆坏了，要几位民工帮忙挖一下线缆。"……维修路灯过程中，我收到了师傅们提出的各种问题，在同事及领导的帮助下，问题最终都一一被化解。

2018 年 1 月月底，集镇上所有路灯都准时亮了。而我从这项工作中感受到，很多时候引导我们走向成功的是所有人齐心协力，共同创造条件。这就需要我们在遇到麻烦时，要有足够的信心、协调能力以及开阔的思路。有时候我们做不到并不是问题本身复杂，而是信心动力不足；看起来并不能完成的事，在你树立了足够信心并想方设法去立刻行动后，最终都能做成。

陈淑文：点亮贫困户心里的"路灯"

被路灯点亮的小镇

■ 协助脱贫的年轻人

"陈淑文，市扶贫开发领导小组要从我们单位抽调一个年轻的业务骨干协助市领导到县里督导脱贫攻坚，单位决定派你去，相信你也能胜任。"2019年7月的那个早晨，办公室主任突然告诉我这个消息。那时我才回到市里5个月，但全省脱贫攻坚"秋冬巩固"攻势箭在弦上，我不得不接。在市委党校被培训一个星期后，我踏上了长达半年的扶贫调研之路。

早晨8点准时从宾馆统一乘车出发，颠簸1到2个小时来到头天晚上选定的乡镇和村里，晚上7点左右顶着月亮或冒着大雨继续坐车1至2个小时回到宾馆。累了我们就在车上眯一会儿，一觉醒来才发现已到住处，接下来我们又打起精神整理白天收集到的各种材料，开会汇总。有时候，我们去偏远的乡村调查，早晨7点就要出发，经过一段先"直冲云霄"后"俯冲而下"的"过山车版"公路后，才能来到传说中的"看得见，吼得着却走不到"的村庄。我们的主要工作是检查"十大扶贫工程"和"两不愁三保障"的落实、"三率一度"的达标情况等，通过发现问题及典型做法，形成调研报告。

"老乡您好，不好意思耽误您一点时间，我们是市里调查扶贫的工作人员，今天到您家来是想了解一下扶贫政策在您这里的落实情况。"我们在当地乡村干部的带领下，从酷热的夏走到寒冷的冬，"闯"了6个县近5 000户农户的宅子，调查了近2 000户贫困户的家庭情况，覆盖贫困人口近6 000人，接触到上千个故事，制定出近百条脱贫济困的方案。

与贫困户进行访谈（左）

这段经历不仅继续锻炼了我吃苦耐劳的本领，还教会了我苦中作乐的生活态度。那些建档立卡贫困户多种多样的不幸遭遇让我着实感到震撼，让我体验到生命何其脆弱渺小，但那些困难户在挫折面前仍和家人一起咬牙坚持顽强生活的态度又让我着实受到鼓舞，让我体会到生命何其坚强伟大。幸会苦难，活在当下，守望未来，这或许是我们拥抱幸福，享受这个伟大时代的正确打开方式。

■ 疫情背后的战斗员

2020年年初湖北武汉暴发新冠肺炎疫情，腊月三十那天，从没在外乡过年的我独自守在值班室，接了一天电话。

"喂，请问是市卫健委值班室吗？我们这里的疫情防控一点氛围都没有，干部都不怎么宣传，老人家意识淡薄，还是该聚聚，该出门出门。""喂，请问是市卫健委值班室吗？我在半个月前订了一家酒店准备在春节回来住，现在因为暴发疫情我想取消订单，可酒店说现在还没那么严重，不给退钱，我该怎么办？""喂，市卫健委值班室吗？微博上有我们村的一个人晒出的照片，说他们一家三口刚从武汉回来，他们也不隔离观察，你们管不管啊？"可能是因为大家都对疫情感到恐慌，很多人一遍又一遍地向值班室电话求助，那天我接到了200多次各种来电。虽然我们单位权力范围内能解决的问题有限，但每接到一个电话，我都会认真答复，尽可能地帮忙解决问题。

与其他延长春节假期并"弹性上班"的单位不同，作为医疗卫生主管部门的卫健委在疫情防控期间要求所有干部天天照常上班，调度抗疫前线的一切工作,而我也头一次经历了春节"没和爸妈在一起,孤身一人落异乡",参与了单位连续40多天的正常运转,用"小付出"为打赢这场疫情阻击战做出了自己的贡献。

■ 写在最后

基层是一个大舞台,只要你有想法、有激情、有干劲、大胆地去施展拳脚,你就能在这里发光发热,闯出一片属于自己的天地。基层是一个大熔炉,所有的理论和实践在基层复杂多变的矛盾面前都能展现出真实价值,你将经过淬火和历练,变成一块真正的钢铁,困难来临之时敢担当、扛得住。基层也是一所大学校,处理各类疑难杂症不是蛮干,而是要掌握方法和技巧,有时还要学习相关的法律规定和民风习俗作为知识背景,在与群众打交道的过程中,你会学到很多智慧,这些智慧可能成为伴随你一生的宝贵财富。

参与基层调研(前左)

因为坚守初心,所以曾经的艰辛和挫折都化为成长路上的甘泉;曾经的磕绊分歧都变为动听的成长协奏曲。路,一直在脚下,既然选择了远方,就只顾风雨兼程,未来我将继续以青春之我书写选调路上的生命华章。

写于 2020 年 5 月

陈淑文,清华大学生命科学学院 2016 届硕士毕业生,毕业后赴江西做选调生。

徐志强：一名兵工骨干的修炼之路

■ 知易行难：在实践中成长简单处有大智慧

我出身于农村，认识世界并改造世界的愿望可能比其他人更强烈一些，而社会实践正是一个更全面认识世界的好方式。"读万卷书，行万里路"应该是对理论与实践相结合最朴素的解释，秉持着这样的理念，我加入了院团委实践部。

我们实践工作的目标是贴近生活、增长见识，而大家的生活离工人、农民、商贩太远，所以很多同学认识不到实践的意义所在。虽然学校提供了寒假实践、暑假实践、思政课程的实践作业等多种形式的实践机会，但很多同学流于表面，实践的成分少、旅游的成分多。

每当有同学没有正确对待实践活动的时候，我都会向他们推荐《恰同学少年》这部电视剧。该剧以毛泽东在湖南第一师范的读书生活为背景，讲述了毛泽东、杨开慧、蔡和森、向警予等为代表的一批优秀青年风华正茂的学习生活和他们的爱情故事。这些年轻人所做的事情没有一件是为了"实践"，却远比我们的"实践"更深刻，是真正的"受教育、长才干、做贡献"。同学们看了这部剧后都很受启发，纷纷端正态度，积极投入工作中来。

实践无小事，这是我从自身的经历中总结出来的道理。我记得有一年我负责的实践部一个新人也没有招到，我只好带着部门的学弟学妹们，去新生宿舍挨个寝室介绍我们的工作，打消同学们的顾虑，最终带回了三个对实践工作有热情的新人。我用事实给学弟学妹们上了一课：无论多简单的工作都要做到实处，只喊喊口号是不行的。

在实践部工作的这几年，不只是带领同学们实践，也是我自己的实践。如何与人打交道，让成长环境、生活目标都不同的一群人做同一件事，我就是在这时慢慢积累经验的。同时，我也积极参加 TMS、求是、紫荆支队等协会的实践活动，在勤工俭学岗位上做过报刊亭、治安服务、远程教育等助理工作。多样的社会实践经历丰富了我对世界的认识，也锻炼了我待人接物的本领，这在我今后的工作中发挥了很大作用。

参加支教时与同学们合影（前排左五）

■ 迎难而上：走向研究道路

认知世界并用自己所学的知识改造世界，是我一直以来的愿望。学校里的各类研究项目给了我实现愿望的机会。我走向研究道路的契机，是大二暑假时参与郑钢铁老师的 SRT 项目"遥感卫星的地面试验系统"。那是一个卫星的半实物仿真平台，需要通过光纤陀螺得到当前卫星姿态，并通过 PID 法控制电机运转使卫星变换到设定姿态。虽然这只是一个非常简单的功能，对当时的我触动却很大。在电脑上动动手指就可以自如地控制物理实体，我是第一次真切感受到研究的乐趣。

研究生期间，我跟随导师郑小平老师做了多个工程项目，逐步掌握了基本的科学研究方法。我印象深刻的是一个抑制推进剂贮箱燃料液体晃动的项目，这个项目主要研究改善航天器转向时加速度变化导致的液体推进剂晃动飞溅等问题，可以为返回式航天器设计提供有力参考。

这个项目对于我来说完全陌生，郑老师带领我查找文献、了解前人的工作，结合我们的力学专业知识，确定了在合适的位置添加小块挡板的方案。理论是理想的，实际情况则要复杂得多，为了得到较好的方案，常用的方法是仿真。对液体运动仿真效果较好的软件是FLUENT，我花几天时间从网上搜集学习资料，突击掌握了这项技能。

搭建液体晃动试验平台

有了理论和仿真结果的支持，接下来就是寻找加工单位制造贮箱缩比模型做真正试验，可是有技术的单位工期都很满，不可能费劲给我们加工几千块的东西，只找到一家小作坊愿意干。但额外加小块挡板的设计让他们犯了难，最终我们将贮箱分为三段，每段用螺纹加生料带的方式来紧固和防漏水，再联系到振动台，完成了晃动试验，验证了方案的可行性。不过最后我们拼拼凑凑的贮箱还是漏水了，郑老师还打趣说："这下可以继续研究燃料不断损耗时的晃动问题了。"

我还记得有一个热防护相关的项目需要提前结题，但其结构外形复杂，画来画去网格质量都很差，仿真结果一直不好。郑老师跟我一起做到夜里，又给已经工作的师兄打电话，虽是深夜打扰请教问题，但师兄还是很热情地跟我们一起讨论。最后我用最笨的办法，手动一点点画出了高质量的网格，及时完成了项目任务。解决问题之后的喜悦是发自内心的，郑老师和师兄严谨认真的风格也令我受益匪浅。

与导师在工厂实地分析工程问题（左）

研究的过程不仅是快速调研一个陌生领域、掌握技能、解决问题的科学研究过程，也是与人沟通、抓主要矛盾、利用一切资源先实现目的的工程实践过程。我也从亲身经历中体会到，研究不可能一帆风顺，一切都按理想状态准备好是不可能的，必须先做起来，说不定还有意外收获呢。在校期间参与的几个科研项目，虽然与改造世界的目标还有很大距离，但我相信自己已经迈出了坚实的第一步。

■ 脚踏实地：技术骨干养成记

毕业时找工作航天、航空、船舶方向我都考虑过，在这些领域我国已经走在世界前列并仍在快速发展，反而是兵器领域尤其是精确制导武器发展得比较缓慢。随着信息时代的到来，我国的武器装备肯定会向着无人化、智能化方向发展，这对精确制导技术提出了更高的要求。世界局势风云变幻，我们必须为可能出现的状况做好准备。精确制导这个行业，大有可为。考虑到国家需要和自身的发挥空间，我最终选择了导控所。

刚进入工作岗位，相信大多数同学都跟我一样，心里是"上大舞台、干大事业"，眼里是好奇和期待，手上却是陌生的领域和琐碎的小事，不免有些失望。然而，踏踏实实地把每一项工作做好，从小事做起，不做表面功夫，搞真研究，解决真问题，"行胜于言"，这样才能不断提升自己的能力水平，适应岗位需要。

转变看问题的角度，是我进入工作单位后面临的第一个挑战。包括我在内的很多同学，由于缺少工程实践经验，经常会提出一些不切实际的想法。我们又急于证明自己的能力，很难接受领导和同事的批评意见，把他人的建议当成质疑，忘记了第一目标是解决问题。勇于承认自身的不足，并努力学习，才能真正完成从学生到劳动者的转变。我们要做的是，尽快认识到问题的关键和寻找解决途径，而不是把自己封闭在自我认识中。

利用科学方法进一步探索未知领域，是另一个挑战。工作后面临一个不太熟悉的领域，依靠在学校学习的那点东西是不够的，最重要的还是掌握科学研究的方法论。我们经常会走入一个误区，就是认为学校里的学习和研究脱离实际工程，觉得这样的工作无用。我在校时也曾经一度迷茫，不知道自己毕业后能干什么。在工作后，我才慢慢体会到了所学课程的价值，实际上学校教的东西在工程中应用得非常广泛，并且学校和老师们也在不断改进教学内容，努力消除教学内容与实际工程之间的差距。除了具体知识，更重要的是，学校教会了我们科学研究的方法。工程中很多难题没有资料可以参考，创新性很强，这时就要理论结合实践。缺了理论分析就是大海捞针，缺了实践反馈就是纸上谈兵，都是不行的。

在校期间积累的运用科学方法指导社会科学和自然科学两方面实践的经验，这对于我工作后快速上手新领域并做出一定的成绩帮助很大。面对未知领域，我从文献调研开始，涉及不懂的领域就问，问不到的就上网搜，搜不到的就自己试，试不出的就加班加点，原理推导、硬件编程、控制算法、制造工艺种种难题都逐步解决了，真正利用科学方法解决实际问题后的感觉是最美妙的。

工作中的具体困难有很多，例如，某一项镀膜工艺，我们在试验国外通用的方案时发现膜层的结合力、均匀性、厚度等方面效果都不太好。一筹莫展之际，我人生中的又一位郑老师——我们的郑所长，鼓励我们不要迷信他人，前人的经验是"名师指路"，然而真正理解并且能超越前人还是要"自己悟"。经过了理论和试验验证的，才是最适合我们的。经过不断尝试，我们最终采取了另一种不同的方案，取得了很好的效果。

我在项目组中能够顺利解决遇到的各种问题，当然有我自己努力的成分，不过更重要的是单位和领导在研究环境方面的保障，同事们在各个专业领域的答疑解惑。单位良好的整体环境、"一专多能"的人才培养策略，使我可以从他人身上学到很多其他领域的知识和技能，这些对我的帮助也很大。

后来我们项目组壮大了，由我来担任负责人，陡然间仿佛换了一个工作，再不能简单地埋头干活，必须统筹考虑、制订合理的计划和分工。"独行快，众行远"，人是一切社会关系的总和，不能处理好与他人的协作，就不能充分利用一切可利用的资源，问题就不可能更好更快地解决。我利用在学校时的经验，定期总结，与大家交流新的心得、认识；定期讨论，列出问题，定位主要矛盾；充分考虑大家的特长和工作意愿，形成群体决策，把最难的活留给自己，成功把大家团结在一起。在今后的道路上还会面临很多问题，不过我相信，只要大家团结一致，按照科学规律办事，就一定能解决。

在清华的学习构建了我的世界观与价值观。我在社会实践中加深了对真实世界的认识，积累了待人接物的经验，树立了脚踏实地的观念；我从科研项目中掌握了科学研究的方法，能够利用自己的知识解决未知领域的问题，开始拥有了初步改造世界的能力。更重要的是，清华培养了我自信、勇于尝试、不畏挫折的性格。"清华人永远有在任何情况下把任何事情做好的能力"，永远是激励我在工作中不断迎难而上、奋进向前的精神动力。

■ 寄语：掌握科学方法　上舞台大有可为

在学校一定要掌握基本的科学研究方法，具体的知识当然是越多越好。清华一直讲要"立大志、入主流、上大舞台、干大事业"，军工领域尤其是武器装备领域，就是这样的一个行业，值得大家的关注，无论是待遇水平、发挥舞台还是成就感，都是经得起比较的。

写于 2022 年 4 月

徐志强，清华大学航天航空学院 2009 级本科、2013 级硕士校友。中国兵器工业导航与控制技术研究所科技骨干，现为某科研项目负责人，主要从事惯性导航器件的研发工作。

宋扬：7117，我的云南扶贫故事

转眼之间，我已在云南工作两年有余。两年多来，我从一名省级机关选调生，先后下派到贫困村任驻村扶贫工作队员、到贫困乡镇挂职担任党委副书记，前所未有的经历、艰苦环境的磨炼，让我逐渐褪去了学生时代的那份浮躁，增加了一份对社会的责任、对人民的理解和对生活的平和。

到农户家了解家庭情况（右）

■ 将家国天下的情怀转化成扎根西部的信念

清华赋予了我们家国天下的理想情怀。毕业季，写着"到西部，到边疆，到祖国最需要的地方去"的标语悬挂在校园各处，充满热血和激情。待到我找工作的时候，我报名了三个西部省份的选调生计划，最后来了云南。

当我真正来到云南后，我才理解了，"到西部，到边疆，到祖国最需要的地方去"这句话不仅是一句口号。一批批清华学子，甘愿放弃舒适安逸的生活、离开熟悉的环境、扎根艰苦地区这种信念，不是在校园可以学到，而是在深刻认识和理解中国国情、社会现状、农村困境、农民贫苦的基础上得来的。

实地了解产业发展情况（左）

刚下派到保山市驻村扶贫时，我从未想过，西部边疆的农村农民依然如此艰难。很多家庭家徒四壁，大批农民衣衫褴褛。有一户，两个女儿住在牲畜圈舍隔壁，其中一个还有身孕；有一户，只有母子两人，母亲只有一条腿，儿子患小儿麻痹症丧失劳动力；还有我挂钩的一户贫困户，家中4口人都是女性，2个大学生，1个70多岁肺癌晚期的老人，只有1个40多岁的单身母亲是劳动力。类似的情况还有很多，这些真实呈现在眼前的情况对我的冲击很大，我前所未有地感觉到，要做的事情还有很多。

在脱贫攻坚政策的推进下，住在牲畜圈舍旁的姐妹住上了新房，残疾母子有了供养，我也为挂钩贫困户找了合适的工作，募集了一些教育资金。一年多的农村工作经历让我对中国发展的不平衡、不充分理解得更加直观，对中央脱贫攻坚的重大部署领会得更加深刻，也让我意识到，我们生活在一个不是那么完美却是充满希望的新时代，我很庆幸能够亲眼见证并参与脱贫攻坚这项21世纪的伟大工程。

其实，当我们真正以一个人民公仆的角度来观察贫困山区的状况、贫困群众的生活时，我们会增加一份对社会的责任、对人民的理解和对生活的平和，而这份责任、理解和平和便能够将我们家国天下的情怀转化成扎根艰苦地区的信念，也就是在坚定了扎根艰苦地区的信念之后，我们才更加认清了自己，更加认同自己的选择，这样的我们才能更加坚定地走下去，不管他人评阅，不向他人诉说。

■ 将自身价值的实现转化成群众诉求的回应

当我们到西部、到艰苦边远地区工作时，心中不免带着一份实现自己人生价值的愿望。在我工作的这两年多，我也一直在思考，放弃了自己最擅长的专业，到了一个从零开始的领域，是为了什么。慢慢地我便发现，当我为农村发展解决一个问题、为群众解决一个困难时，那种成就感是发自内心、深刻而绵长的。所以，在做农村工作时，我时刻以农村的需要、农民的诉求为导向。

有一次，我们为村里找来一个中草药企业建设药材基地，涉及要流转农民的土地，大部分农民都很支持，但有十几户农民怎么都不肯流转，我便一户一户去跟他们聊，聊了之后知道他们的想法和诉求，他们有的担心拿不到流转土地的租金，有的希望能到基地打工，还有的担心会影响地上的核桃树。在理解了他们的诉求之后，我们便和企业进一步完善了协议，切实解决了他们的后顾之忧，同时也改进了我们的工作。

虽然这些工作很琐碎、很繁杂，但每一个农民的诉求都对他们有切身影响，在回应他们诉求的过程中，我们工作的价值也就体现出来了。尤其是看到六七十岁的老人在基地里靠自己的双手勤劳致富，对我们表达感激时，我的心中满是感动。

到农户家做房屋改造总动员（左）

到乡镇挂职后，我处理过一个非常棘手的纠纷矛盾。一户贫困户拆除重建的房子因质量问题而停工，当我去协调贫困户和施工方之间的矛盾时，这户贫困户又给我带来了更大的难题。这户贫困户的另外一间房子因路域环境整治而被强制拆除，在他看来，他的手续齐全、理由充分，政府不应该采取这种方式对他。

为了摸清楚这个问题，我把当时涉及这个事情的所有领导、干部都找了一遍，查阅了当时的一些台账资料和相关的政策规定，在脱贫攻坚最忙的时候，花了大量的时间为他处理这件事情。虽然最后没能给他一个满意的结果，但在这个过程中，他理解了政府工作的难处，对我们也增加了一份信任。

后来，拆除重建的房子停工问题也比较顺利地解决了，他在同意继续施工的时候对我说，"如果不是您来说，我是不会让步的"。这户贫困户一直被公认为是比较难缠的一户，但当我们试着去理解他靠一个人的力量抚养三个女儿，并拼尽全力为她们每人准备一块宅基地的时候，当我们真正用真心去帮助群众、站在他们的角度思考问题的时候，我们的付出同样会得到回应，而当我们得到这种回应时，便会发现，原来我们苦苦追寻的自身价值的实现并不是多么宏大的东西，可能就是群众的一份肯定、一句感谢。

■ 将多年积累的能力和知识转化成干事创业的本领

当我们怀着满腔热血走上工作岗位的时候，可能会发现，我们多年积累的能力和知识并没有办法让我们很快发挥作用，尤其是从事一项和自己所学完全不相关的工作。其实我们做出成为一名选调生的选择时，就应当做好这样的心理准备。

无论你毕业于哪所学校、什么学历、所学所长多么高端，到了全新的岗位上，必须有从零开始的心态和魄力。当然，如果从事一项和曾经所学有关的工作，我们必须用好自己的专业知识。

云南的领导根据我的专业特长，给我安排的岗位是新能源汽车产业的发展和行业管理，这恰好是我博士研究期间涉猎的方向。所以，在省工信厅工作的半年里，除了撰写政策文件等工作，我对全省新能源汽车产业尤其是锂电池技术现状进行了全面了解，并对技术演进方向进行了深入调研，虽然在短期内没有体现出工作效果，但把握前沿方向一定能够帮助我们抓住发展契机。

更多时候，我们无法将专业知识用于工作当中，这个时候，就要求我们发挥读书期间培养出来的各方面能力。在我看来，研究生普遍具备的调查研究思维是党政部门工作中急需的，尤其是在千丝万缕、问题复杂的基层。

在帮助村上选择产业发展方向时，我对本地区产业发展的历史、市场情况及变化趋势等进行了系统的调查并形成调研报告，同时提出了"产业扶贫需要正确处理好五个关系"的观点，得到了厅里领导和当地干部"不愧是博士"的评价。我曾作为选调生代表参加省委组织部民主生活会的征求意见座谈会，会上，我将全国 20 多个省市的选调生招录和人才引进调研情况进行了汇报，得到了部领导的认可。

其实，在工作中，我觉得最重要的并不是已经有了多少知识，有时我们甚至还要敢于抛开旧的知识体系，建立与所从事行业相适应的新的知识体系，并不断培养专业作风和专业精神，这也是建设高素质专业化干部队伍的要求。当你看见过一个厅级干部拿着计算器当场核实数据、分析问题的时候，你会更加深刻地认识到什么是专业作风和专业精神。

为镇村干部和驻村扶贫工作队做脱贫攻坚情况介绍（左）

刚出校门的我们欠缺的是实践锻炼，这也是我在驻村和挂职期间着重注意的。在驻村的时候，我最常做的就是去到农户家里，了解他们的家庭情况和实际困难。到了乡镇之后，我很庆幸乡镇党委书记没有把我只当作一名挂职干部，给我安排挂两个村，农户有 1 033 户，其中贫困户有 222 户，涉及的脱贫攻坚短板问题有几百个。几个月的时间，我每天都是马不停蹄，基本上从早上 7 点起床到晚上 11 点都在村里跑，在农户家里绕，晚上 11 点还在村委会和村干部研究工作。

针对问题多的那个村，我用了一个月的时间，把全村456户农户全部走访了一遍，对存在问题的各家各户基本做到心中有数。上面来检查的时候，即使村干部一个都不在，我也能带着他们找到农户家里，对于村情贫情户情，我也做到比很多土生土长的村干部更熟悉。

在乡镇工作的时候，我还非常注重处理纠纷矛盾、参与"拆临拆违"甚至"迎检"时卫生清扫等工作，因为乡镇基层是社会治理的神经末梢，只有了解了它的全部，我们才能够对中国政治制度的现状和发展方向有更准确的把握。

工作这两年多，我对过往和当前思考很多。在我们求学的时候，国家为我们提供了宝贵的学习机会。到了工作岗位上，云南给予了我们充分的关注和足够的锻炼成长平台，甚至包容我们的过错。在这样的发展条件下，我们应当不断修炼提升自己，做出一些于国家、于人民有意义的事情，不敢辜负这个好时代。

写于 2019 年 11 月

宋扬，清华大学核研院 2017 届博士毕业生。2017 年毕业后赴云南做选调生。

马冬昕：我人生的A面与B面

■ 我人生的A面与B面

我人生的A面，显得非常顺利：2008年保送进入清华大学化学系读本科；2011年获得本科生特等奖学金；2012年保送进入清华大学化学系读直博；2016年获得研究生特等奖学金；2017年博士毕业之后，赴加拿大多伦多大学做博士后研究；2022年年初，入职清华大学化学系，担任助理教授、博士生导师。

然而，我人生的B面却并非如此。

在多伦多大学校园

■ 我人生的B面，曾经无数次出现情绪波动

大一新生入学之后，有一段时间，我每天晚上躺在宿舍的床上，用被子蒙住头，默默流泪，因为思念家乡，因为水土不服，更因为焦虑不安，不知道自己能否适应大学阶段的学习生活。在系内新生党员座谈会上，大家一一讲述入学以来的所思所想，我也诉说了自己的担忧：周围同学有不少是国赛的金牌、银牌得主，而我只是省赛一等奖，保送生考试成绩仅比录取线高出0.5分，是名副其实地"擦线"进清华，不知道会不会赶不上大家呢？

辅导员用校训"自强不息，厚德载物"鼓励我，说："只要你坚持努力，总会慢慢进步的，一年赶不上大家，就用两年、三年。"我半信半疑，但左思右想，也没有别的办法，就说服自己，放平心态，将担忧转化为行动。平时早出晚归，尽量多去教室上自习，有学不懂的地方，就及时找老师、助教答疑。偶有闲暇，也会约上新认识的好友散步、聊天，或者参加各种社工、社团活动，积极适应大学的学习与生活。

获得本科生特奖、保送硕博连读之后，我心情很复杂。一方面，我为自己之前取得的好成绩而感到高兴；另一方面，我也因为听到周围"学习再好也没用，科研不一定能做好"的声音而心生惶恐。受到情绪波动的影响，大四下学期开始做毕设之后，我的学习状态陷入低谷：每天上完课，浮皮潦草地做一会儿实验，就早早地回到宿舍，窝在电脑前看电视剧、打游戏。回想当时，我看的都是老掉牙的电视剧，毫无新意；玩的都是电脑系统自带的"扫雷""空当接龙"之类的游戏，极其无聊，然而，我还是沉浸其中，难以自拔。就这样莫名其妙地玩了两个多月，课题进展缓慢，人也显得萎靡不振。

导师看出了我的异常，在一次组会之后，专门找我谈话。在得知我的担忧之后，导师对我说："本科期间学习成绩好，说明你足够聪明和勤奋，基础知识也扎实，那么，你在科研上就是有潜力的。进入研究生阶段，除了聪明、勤奋之外，也要讲究方法：好好做实验的同时，还要多看文献，积极思考学术问题，就能做好科研。"

在导师的鼓励下，我慢慢调整了自己的心态，循序渐进地提高做实验、看文献的时长和效率，终于渐入佳境，顺利拿到了博士学位，并有幸获得了研究生特奖。

■ 我人生的B面，曾经无数次想要中途放弃

我的博士课题是"可升华离子型铱配合物的材料设计与性能研究"，从科学意义方面来说，可以解决传统材料设计的瓶颈问题，实现对材料物理化学性质的调控；从知识产权方面来说，则可突破别国掌握的核心专利限制，具有战略意义。导师告诉我，这个课题难度很大，之前几次让学生尝试，都无果而终；但是，这个课题真的很重要、很有趣，建议我试试。

初生牛犊不怕虎。在导师的鼓励下，我摩拳擦掌、跃跃欲试。我先上网查了资料，看了文献，发现整个领域当时仅有一篇研究论文，5年前发表在材料科学领域的国际知名期刊上，之后再也没有类似的报道。这使我感到好奇：这么久的时间里，难道这一领域真的没有任何进展吗？于是，我给这篇论文的通讯作者写了一封邮件，询问后续如何。对方很快回信了，表示"这个课题确实很难"，但是，也不妨一试。于是，我兴致勃勃地开始尝试：设计合成各种材料，提纯之后再进行物理化学性质表征，研究材料是否可升华……

没想到，这一试就是整整两年。我勤奋地工作着，失败的结果却写满了我的实验记录本。这使我感到挫败，逐渐认识到科研的不易与艰辛，甚至开始怀疑自己的能力。看着周围同级的博士生同学一篇接着一篇地发论文我有些坐不住了，寝食难安，就几次三番找导师，提出更换课题的想法。导师对我说："你现在已经是这个领域的专家了，不往下做，多可惜啊。你要不再坚持半年吧，如果到时候还是做不出来，咱们就换方向！"

我半信半疑，但确实也不甘心就这样放弃，于是，按照导师的建议继续做了下去。终于，在尝试了7种材料体系之后，我取得了突破性进展。之后的几年里，我合成了近百种新材料，制备了近千个有机发光器件，撰写了18本、近4000页的实验记录。它们摞在一起，像小山一样，详细记录了我的点滴努力，让我感到踏实和欣慰。

博士毕业之后，我孤身一人前往加拿大多伦多大学从事博士后研究。课题组节奏快，工作忙，我每天早出晚归，上下班路上，常常一个行人也没有，只能看见流浪汉。他们有的缩在墙角酣睡，有的躺在排气口取暖。无论是艳阳高照还是刮风下雨，无家之人始终形单影只，流浪如斯。我每每路过就心生怜悯、感同身受。他们也许是无家可归，而我却是有家难回，这使我觉得伤感，孤独像乌云一般笼罩在我的头顶。

在厦门园林博览苑

初来乍到的一个晚上,我在学校附近散步,走着走着,不知不觉天暗了,起风了,还下起了鹅毛大雪。我在黑灯瞎火中迷了路,只能凭借大致的记忆,沿着每个方向走走看,就这样,长途跋涉了两个多小时,才回到系馆。我又累又冷又饿,惊魂甫定,一进办公室,就忍不住哭起来。师兄师姐看见了纷纷走过来安慰我,往我手里塞了各种零食,说:"吃点东西,心情就好了!"

友谊和时间都是良药。在海外漂泊久了,我逐渐和师兄师姐熟悉起来,也习惯了这种孤独而忙碌的生活。合作导师要求严格,为了加快实验进度,我经常早晨五六点钟就到实验室工作,有过抱怨,也有过委屈。倦了,就在心里赌咒发誓"做实验好累,我再也不做科研了"!然后,去体育馆跑个步、游个泳,释放一下压力;困了,就趴在办公室的桌子上小憩片刻,然后,喝一杯咖啡或者吃一个冰淇淋,继续工作……在内心深处,我把对祖国、对清华、对亲朋好友的思念之情,都化作努力工作的动力。"早日学成归国"是那些年里我最大的精神支柱。

今年年初,我如愿回到祖国,回到母校,成为一名青年教师。我觉得幸福,能和昔日尊敬的老师共事,在园子里教书育人,实在是三生有幸;又深感惶恐,不知道自己能否顺利度过职业生涯的第一站,在未来的学术道路上走得更远、走得更好。面对全新的压力与挑战,焦虑扑面而来,我仍然磕磕绊绊地继续前行着。

这就是我人生的B面。也许有人会说，在你眼中，"努力"二字仿佛轻描淡写，还算是B面吗？我想说的是，努力只是一种生活态度，并不是每天都必须达到的境界。即使现在，我对大多数事物已经形成稳定、清晰的认知，还是会偶尔受到周围人和事的影响，出现情绪的波动或状态的起伏。焦虑、惶恐、沮丧、倦怠……这些困扰，我也经常体会，也为之苦恼。但是，那又如何？我们都是凡人，只要整体处于螺旋式上升的状态即可，没有必要苛求自己像钟表一样精准，像苦行僧一样生活。

A面是鲜花与微笑，是荣誉与掌声。B面是眼泪与挣扎，同样是珍贵的心路历程。我记得自己合成的第一种发光材料，它在紫外灯的照射下，发出了美丽的光芒。那一刻，我与发光材料"一见钟情"，真真切切地领略到了科研之美、化学之美。我记得那些迎着朝阳走向系馆的清晨，那些在实验室里度过的夜晚，那些专注于学术研究的日子。历经艰难的岁月才能产出学术成果，这使我愈发相信，在攀登科学高峰的征途上，会有崎岖坎坷的山路，也会有意想不到的风景。

A面是我，B面也是我。它们共同构成了完整而真实的我。因为，成长是连贯而起伏的过程，不会一帆风顺，也没有一蹴而就。但与此同时，每一份努力都不会白费，它们如同一颗颗种子，默默地埋下伏笔、积蓄力量，有朝一日生根发芽，像花朵一样地绽放，成就生命的传奇。

写于2022年3月

马冬昕，2008年进入清华大学化学系攻读本科，2011年获得本科生特等奖学金（当年一共5人获奖），2012年开始硕博连读，2016年获得研究生特等奖学金，2017年博士毕业。2022年入职清华大学化学系，任助理教授、博士生导师。

赵瑶瑶:从日本到美国,我又重回北京

■ 毕业季的幸运儿——"工作找我"

2016年年末,拖延症的我还没开始博后申请,一个去日本的机会"从天而降"。由于我的博士导师在研究领域内有一定的影响力,北海道大学的一个中国教授主动联系他,咨询是否有可推荐的学生可以申请保健科学研究院的助理教授职位,刚好所需要的专业方向是我的研究领域,于是我抱着试一试的心态提交了应聘材料。起初并没有做好去日本的打算,本想着进入面试阶段时再做最后的选择,结果很快就直接收到了录用通知,与导师讨论后觉得能够拿到海外教职确实是一个难得的机会,于是工作便这样定下来了。由于岗位要求3月1日之前入职,2月末我便来到了日本北海道,此时距离我1月初提交申请材料才过了不到两个月的时间。就这样,没有任何日语基础的我匆匆来到了日本,在还没有拿到博士学位时就开始了我的工作。

北海道大学附近冬季街景

在"北大"的清华人

北海道是一个风景如画的美丽地方,当地的人也都很友善,这些大大地缓解了我初来乍到的惶恐。北海道大学在日本的简称是"北大",于是我变成了在"北大"的清华人。这里必须提的是,每当我介绍自己毕业于清华时,周围的人都会发出"好厉害"的感叹,这使我在异国他乡深刻体会到了"我以母校为荣"这句话。日常的科研生活不是很繁忙,我慢慢地有时间去探索美食和美景,逐渐开始享受在日本的生活。除了在北海道游玩,也会飞到奈良去看小鹿,飞到东京去夜爬富士山。

周末在奈良喂小鹿

不得不提的科研

拉回正题,感觉再不提科研,快被自己写成一篇游记了。由于自己所在的是保健科学研究院,所以课题组的研究方向主要偏向应用,用同样的方法分析不同的样品,创新性有限导致很难发表一些影响因子比较高的文章。当然如果想要一直留在日本,这完全没有问题,我也并不是排斥这种研究,相反,我觉得这些工作很有意义。不过,我并没有长期留在日本的打算,在日本我一直是一个游客的心态,享受这里的美景,感恩周围人提供的帮助,但又始终感觉自己不属于这里。因此,我不得不考虑之后回国找教职所面临的现实问题,需要发表一些高影响因子的文章让自己有一定的竞争力。于是,我开始尝试着寻找其他机会。

■ 留下还是离开

在日本待了一年之后,我重启了毕业之前没来得及开始的博士后申请,于是下定了决心申请。但是在联系了几个课题组后,接到了自己刚到日本第一年时申请的日本青年基金入选了的通知,这动摇了我想要离开的决心。当时课题组的青年教师只有自己申请到了,觉得机会很难得,心里很想把这个课题完成,产生了在北海道大学把基金完成之后再直接回国的想法,再加上之前投的几个申请要么收到回信说没有职位,要么没有回信,所以我又放弃了申请博后的想法。现在想想,自己真的是一个没有坚定目标的人,很容易就改变自己之前的计划,之后的事更加验证了这一点。

■ 选择去美国

在自己放弃了博后申请后,为了之后几年在日本生活得更便利,我报了一个日语学习班,决心好好学日语。结果3个月之后,我收到了一封之前申请博后的回复邮件,一个美国教授说他申请到了新的项目,可以给我提供职位,问我是否还愿意加入他的课题组。原本就不坚定的心又开始了新一轮纠结,由于内心还是很想去美国的大课题组感受一下,同时体验一下美国的生活,最后我选择了接受职位,去美国。

UIUC 校园内风景

■ 再次出发

虽然对北海道的生活很不舍，2019年我还是怀着憧憬的心情来到了美国——玉米地里的大学UIUC。有意思的是，美国与日本有很多完全不同的地方，比如，日本的商品都让人感觉小而精，美国则相反，东西没有最大只有更大，此外当地人的性格也有很大的差异。就实验室硬件条件方面来看，个人感觉清华、北海道大学和UIUC并没有很大的区别，实验所需要的仪器和测试条件都可以满足；从实验室管理风格上来看，同一个学校不同课题组也有很大的差异，感觉这并不是由地方的差异来决定的。在日常生活方面，与日本随处可见的便利店不同，在美国需要开车到郊外的大超市进行日常用品的采购，自驾游也是旅行最重要的形式，我也开始享受这种自在的游玩方式。

加州一号公路附近海滩

■ 疫情下的科研生活

到美国之后的前半年主要是学习一些仪器操作和实验技术，开展了一些课题相关的初步实验，当时的课题是一个需要三个课题组合作的项目，我的工作是最后的检测部分，这也就导致了如果前面材料制备遇到问题卡住了，我就会没有东西可测，很多时间都在等待。之后便想开展一些新的方向，还没开始的时候，新冠疫情出现了。实验室因为疫情关闭了3个月，组会变成了线上模式，实验室重新开放之后每个房间会严格控制人数。我所在的学校对新冠管控相对来说比较严格，学校开发了一种用唾液检测新冠病毒的技术，学校有十几个检测点，要求大家每周测两次，然后通过学校小程序上的"绿码"出入教学楼。之后国内的疫情逐渐好转，自己在美国的时间也将近两年，便萌生了回国的想法。

■ 重回北京

由于之前在北京待了9年，对北京有很深的感情，所以找教职的第一选择也是北京。关注了一些北京高校针对海外留学生的青年论坛，幸运的是我只参加了两个高校论坛就决定加入现在的学校，刚好现在的课题组想招一个我的研究方向的人，就这样我很快结束了找工作这个环节，不禁感叹自己在找工作方面总有些莫名其妙的好运气。去年在完成了当时正在做的工作后，我便回到了国内。

■ 小结

这里并没有分享很多科研相关的经历和感悟，因为与身边很多从清华走出去的青年学者比起来，我清楚地知道自己学术上存在的差距，便不班门弄斧了。这里只是想分享我离开清华后的故事，虽然到现在我依然没有如愿发表几篇高影响因子的论文，但我始终感谢我的每一次选择，使我看到了不同的风景，因为选择本就没有对错，生活就是一场体验。

写于 2022 年 4 月

赵瑶瑶，清华大学化学系 2017 届博士毕业生；2017—2019 年，在北海道大学保健科学研究院担任助理教授；2019—2021 年，在美国伊利诺伊大学厄巴纳—香槟分校（UIUC）从事博士后研究；2021 年，入选北京市青年人才项目。现入职北京工业大学。

刘嘉琛：在法律之路上传递善意

落笔之时，距离我正式成为一名律师仅仅 6 个月，并没有做出什么惊天动地的大事，甚至在起草很多交易文件的时候都是一头雾水。谨以此文，分享我一路思考、一路努力、一路与自己和解的个人经历。You do not have to be a hero to save the world，不忘初心，做个平凡的上班族，也很好。

本文分为三部分，第一部分讲述了我决定成为一名律师的原因，第二部分讲述了我努力成为一名律师的经历，第三部分讲述了我希望自己今后能成为什么样的律师。

■ 勇于寻找适合自己的且自己热爱的事

有的人非常幸运，从一开始就知道自己热爱的事情，有的人（比如我）可能需要排除法，通过多次尝试一一排除掉自己不想要的，最后认定自己想要的。

对于我而言，最初从化学系转系到法学院是一个艰难的决定。从初三第一次上化学课，我就喜欢上了这门学科，高中学习化学竞赛是我最快乐的时光之一。时至今日，我依旧热爱化学，但是只有热爱是不够的。

大一的我满怀憧憬地进入化学系，但很快就遭受了多方面的"打击"。首先就是来自同龄人的压力（peer pressure），这一点想必大家都深有体会吧：能进入清华的都是各省市精英中的精英，化学系更是有很多金牌/集训队大神，我认认真真复习微积分考试却只拿了七八十分，大神们轻轻松松就考了满分。如果只是来自同龄人的挫败感也就罢了，毕竟在选择来到清华的时候，就预料到了园子里这种无处不在的"挫败感"，校训的前半句"自强不息"就是为了应对这种"挫败感"！更令我感到迷茫的是，真实的科研生活跟我之前学习化学知识的体验差距非常大。我热爱学习理论化学，但是当我发现科研需要阅读海量文献、泡在实验室时，我羞愧地胆怯了，我没有信心我的热爱能够支撑我将科研作为毕生的事业。最重要的是，我发现自己更向往从事跟人打交道的职业，并且我对法律一直有浓厚的兴趣，因此我决心转系到法学院。

刚转到法学院时，我也并没有立刻确定自己真的想成为一名律师，当时的我仅仅只是觉得自己适合也喜欢跟人打交道。在确定成为一名律师之前，我其实做了很多跟法律"关系不大"的尝试：大一我做过网课教师，担任支队长筹备了一次社会实践；大二我接触了创业，去了深圳一家初创公司实习，后来跟几位同学开展了一个创业项目；大三我去澳洲交换了半年，还去了新疆的法院实习；大四我先后在一家法律科技公司和一家风险投资公司实习。一直到本科毕业前的一个月，我才第一次到一家律所实习，并一直实习到美国法学院开学。

在这一次次看似毫不相干的尝试中，我更清晰地认识到了自己的长处和激情所在：我喜欢跟人打交道；我喜欢通过研究和思考提出有建设性的意见；我喜欢跟初创公司一起工作；我喜欢帮助别人解决问题后的成就感；在律所我有机会接触到各行各业的客户，可以快速积累实践经验……最终，我在大四那年的9月份确定了自己想要申请美国法学院，正式踏出成为一名律师的第一步。

离开清华之前与好友合影（右）

离开清华之后，我后知后觉地发现清华是一个多么好的平台，为学生提供了无限的探索可能性。如果有机会重新念一次本科，我将选择降级转系而不是平级转系。当时转系的我，出于担心"落后"同龄人的心态，选择了平级转系。除去交换的半年，我在法学院实打实的时间只有短短的两年半，很多课都是走马观花/浅尝辄止（比如，张明楷老师的刑法课程），很多有意思的课都没有来得及选（比如，鲁楠老师的比较法课程）。如果能在清华多待一年，将会是多么宝贵的体验啊！请大家不要因为担心"浪费时间"而拒绝探索人生的不同面，如同在国外 Gap Year 这个概念很流行一样，如果能用一两年的时间找到自己真正热爱、愿意为之奋斗的事业，是非常值得的！

■ 至暗时刻，请保持战斗至最后一刻的信念

成为律师的道路不仅不顺利，而且非常崎岖。在西北大学法学院 3 年的时光，80% 的时间都在学习和找工作（剩下 20% 的时间用于吃饭和睡觉）。因为念书的时候大部分的时间都待在图书馆，以至于去年感恩节我回到芝加哥，抱着游客心态游览"哥谭市"，发现自己竟然对待了两年多的城市有着浓厚的陌生感。

疫情前最后一次旅游

一场突如其来的疫情，让我的法学院生活在 2020 年迎来了"至暗时刻"。按照往年经验，一般情况下，美国法学院二年级的暑期实习结束后基本就会确定毕业去向，如果没有，最迟三年级秋季学期也会定下来。而受疫情影响，二年级暑期实习结束后我并没有拿到留用机会（return offer）。不知道疫情何时结束，不知道能否找到工作，怀着这样忐忑不安的心情，我开始了在国内上网课的三年级生活。

跨时差上课是非常痛苦的，而对于我这种毕业去向还没有确定的人来说，就更加痛苦：一方面要认真学习提高成绩，另一方面又要不停投简历找工作。受疫情和中美关系等多方面的影响，一直到2020年11月份美国大选结束之前，我几乎没有拿到面试机会。此时我已经开始有点失去信心，每天都在质疑自己，我真的能找到工作吗？这种自我质疑，想必很多毕业季的同学都经历过，或者正在经历吧。能不能找到工作，没有人能就这个问题给出答案，家人和朋友给的只能是鼓励和安慰。当时摆在我面前的无非就是两个选择，要么放弃目标，选择更简单稳妥的职业道路；要么继续坚持，为目标战斗至最后一刻，即便最后很可能一无所获。那段时间，一个清华人骨子里那股不服输的劲儿觉醒了。清华人怎么可能选择躺平呢？如果从一开始就认输的话，以后想起来肯定会后悔的！

即使明知必输无疑，也要有勇气接受挑战。带着这种信念，我开始广发邮件（mass mail）。100多家美国律所，我按照字母顺序，给每一家律所的招聘人员发求职信。发完邮件之后，如果没有收到面试邀请，而是收到拒信或者没有回复（99%的情况），隔段时间我会再发一封跟进邮件（follow-up email）询问律所的招聘计划有没有变动。那段时间我感觉我就像是一个推销员，不停地往各个律所的招聘邮箱里塞"小传单"，拼命想把自己推销出去。我清楚地记得大年三十的晚上，阖家团圆吃年夜饭的时候，我正身着正装坐在电脑前参加面试。

与此同时，我也在不断调整求职方向。求职的过程让我更了解自己。我最初的想法是只要有一份工作就行，后来发现还是要结合自身优势。比如，我之前在科技公司和投资机构都实习过，本身也有经济学背景，因此在从事公司法和服务科技公司客户方面更有优势。又因为我来自中国，那些中国业务多的律所更有可能会雇用我。结合以上两点，我一直坚持投简历到4月份才终于拿到现在所在律所的offer，此时距离毕业只有一个月了。

拒信不代表你不够优秀，只是不适合。找工作的这段时间，我收到的拒信数不胜数。面对一封封拒信，人的自信心会逐渐降低，抑郁情绪会不断增加，这种情况下，很容易就选择放弃了。但找工作就像相亲一样，没能走到一起不代表某一方不够优秀，更有可能是不够合适。知己知彼，方能寻得最合适的机会。

厚德载物：With great power comes great responsibility

在清华求学期间，我感受更多的是校训的前半句"自强不息"；离开清华之后，我对校训的后半句"厚德载物"有了更深的体会。在我成为律师的过程中，很多人给予了我帮助；作为一名法律行业从业者，我最大的成就感/幸福感也是来自帮助他人。

初到湾区

我有幸遇到很多善良的人。能够实现我做律师的追求，运气成分（他人的帮助）是大于个人天分的。一路走来并不容易，美院停车场、文科图书馆、校图书馆老馆和北馆的女厕所都曾有过我的泪水，但这一路也一直有支持陪伴和帮助我的人。大四申请美国法学院的时候，我的申请递交得比较晚，很多法学院都快招满人了，我一直没有收到录取信。我的班主任高丝敏老师主动过问我的申请情况，指出我的申请文书中存在的问题并帮我修改；我的导师沈朝晖老师帮助我寻找律所实习，这样即便我没有收到录取信也能有一份工作，不会"毕业即失业"；高西庆老师和梁翠宁老师还亲笔帮我给法学院写推荐信。此外，我的同学们也给予了我很大的帮助，他们不是我申请中的"竞争对手"，而是我的"好战友"：他们有的人帮我修改文书，有的人督促我及时提交申请资料，有的人在我收到拒信后不断鼓励我，其中一位在我收到录取信后马上发了朋友圈，感觉比她自己被录取还高兴。我在美国法学院读书期间，一年级的时候学业和交际（networking）都不适应，很多学长学姐分享他们的笔记给我；好几位教授帮我一字一句地复盘答卷指出我的问题，其中一位教授还介绍我认识律所合伙人；我遇到的清华校友也都非常热心，积极向我分享求职经验。我感恩所有的支持和帮助，也希望能将这些善意传递下去。

身为一名法律人，帮助他人带给我莫大的成就感。美国法学院一年级寻找暑假实习的时候，我拿到了两家芝加哥本地律所的实习 offer，一家是侵权诉讼律所，另一家是做投融资业务的非诉律所。非诉律所的投融资业务与我自身经历更符合，也有助于我之后从事公司法业务。但是侵权诉讼律所的合伙人跟我说他们正在代理"章莹颖案"的民事诉讼，非常希望能有一位懂中文的实习生，听到这里，我马上当场答应了这份实习。其实正常暑期实习的时间只有 8～10 周，但是我在这家律所整整实习了 4 个多月（从一年级春季学期结束一直待到二年级秋季开学），我永远不会忘记这段经历。虽然我现在没有从事诉讼业务，但是能够参与到这起案件，切实为同胞提供帮助，让我觉得来美国念法学院是我做过最正确的选择之一。

身为一名清华人，帮助他人是我们义不容辞的责任。经历过高考这座独木桥进入清华的我们，必然是万里挑一的。我时刻告诫自己，可以为自己谋前途、谋发展，但不能成为"精致的利己主义者"。就如同那句电影台词，"with great power comes great responsibility"，越是拥有得更多，就越是要帮助有需要的人。"清华"这个标签的背后，是来自他人的更高的期望，是成为社会良心的责任。

写于 2022 年 4 月

刘嘉琛，清华大学法学院 2018 届本科毕业生；2018—2021 年，于美国西北大学法学院攻读法律博士（Juris Doctor）；2021 年至今，就职于某国际律所旧金山办公室，从事公司法业务。

张天：我的毕业决定——回归内心所向

■ 为什么要回到定向单位

回归定向单位在旁人看来是一个并不太"聪明"的选择。在身边人的认知下，军工单位不可能获得基层工作的使命感与成就感，也不可能给出互联网行业的可观薪资，属于既委屈心又委屈钱的就业选择。看看身边选择军工行业的校友就能看到，踏入军工的门槛就意味着一辈子默默无闻，一辈子无私奉献。

我临近毕业时的心情确实也很矛盾。一方面兴奋于进入园子9年后自己终于学问修成，迎来了闯荡社会的机会。与此同时，9年前的一纸定向协定在不断地提醒着我又站在了抉择的岔路口了。有了往届师兄师姐的经验，到了我们这届其实对定向生身份已经习以为常，只不过在诸多就业选项里多了一个是否回归单位的选项而已。

面对这个打开的大门，万千机会该如何选择？

得益于学校大环境以及院系辅导员的积极引导，我在清华求学阶段花了不少精力进行自我兴趣爱好的探索。在大一我就发现了自己和诸多学神的差距，所以我给自己确定的目标就是在确保学分绩中等偏上的同时，用更多的精力探索在清华的各种可能。本科4年里，我用了很多精力参加各类学生活动，包括院系学生会、校团委，每年暑假我都把自己的时间安排得满满的，参加各类社会实践，增长自己的见识。在此期间也培养了对摄影的爱好，我渐渐发现自己比较喜欢创造性工作，即使自带干粮也乐此不疲。

当然本科阶段认知有限，我还无法理清自己与社会的关系。在精仪系导航中心张嵘老师的"收留"下，我有幸通过读博的方式延长了在清华的自我探索。读博阶段的学术磨炼，使我的科研能力得到了提升，让我能够静下心来对一个学术问题进行系统的探索。在本科阶段参与各类活动培养起来的沟通能力，也让我在科研探索的过程中总能找到牛人相助，除了博三时打磨首篇论文的瓶颈期，整体的课题进展较为顺利。

在 9003 大楼门前的博士毕业照

得益于课题组周斌老师营造的自由科研氛围，在没有影响科研进度的情况下，我进行了双肩挑辅导员、兼职创业的尝试，并且获得了多次出国锻炼的机会。这些经历让我进一步开阔了视野，同时与各路大咖的交流也让我完成了更深入的自我剖析。渐渐地，张嵘老师与周斌老师对科研事业全身心的执着投入、实事求是的研究精神、立德立言的人生态度为我树立了伟大榜样。我觉得正是 5 年的博士学术时光让我觉得自己会坚定地选择科研道路，自己已经和惯性导航专业密不可分了，从事本专业的科研工作应该是我的首选，让我放下原有专业积累，转而从事其他行业工作是非常艰难的。如果有一份工作既能允许我继续原有专业的研究，又有一些业余时间让我经营自己的爱好，更进一步，如果我在此基础上能发挥自己的创造性，将对我有很强的吸引力。

在毕业后，向签约单位——兵器信息院的领导汇报时，我也和他阐述了我以上的思考。幸运的是兵器信息院的领导给予了我很大的支持，同意对我的岗位进行针对性调整。

■ 回归单位后感觉如何

人生新阶段，工作的考验还没到，生活的考验就先开始了。

以前遇到的年长校友都说清华园生活如何幸福，花好、月好、人好，希望后生珍惜云云,年少的我还并不在意。等自己真到了走入社会这一天,不曾想之前校园生活里没有注意到的衣、食、住、行,都是幸福的各个方面。学校的完美保护,让我们能全身心地投入学习科研与自我探索中。但到了社会中真就是两个世界。校园与社会的差别如此巨大,之前不曾设想的各个环节都要逐步适应。就拿日常通勤来说,每天至少1个小时的通勤时间就消磨掉了一早的满腔斗志。更不用说一日三餐,单位食堂远没有学校食堂种类丰富,每到周末都忍不住自己下厨来犒劳肠胃。说到住,每月不到1万块的工资连每月的房租都成了很大的问题。家里坏个灯泡、充个燃气费也要跑几公里,用上个把小时才能搞定。

和妻子靳舒馨结婚一周年纪念照

人一顺百顺,一不顺就把各种事情归结到身边的事物上,在刚入职的这段时间,我就经常抱怨新工作如何如何。那段时间舒馨经常劝我,既然单位对我进行了针对性岗位调整,我也应该投桃报李,专心在单位做好本职工作,不要朝三暮四,要努力加油兑现单位对我的期许。在身边诸多好友的好言相劝下,我也渐渐收敛了焦躁的情绪,全力以赴,认真对待起工作了。

初到单位,领导就对我寄予厚望,技术主管领导约我谈话,希望我能在新型装备的研制上有所突破,并安排给我了第一个任务——转台的随动控制。这个任务的技术难度和大三大四时的专业课大作业差不多。不说博士生,就是仪器专业的本科生也应该驾轻就熟,但现实是我花了3个月的时间才陆续解决各种工程问题,从器件选型到搭建电路,在硬件的稳定性调试上花了好多功夫。我记得那段时间我每天加班到晚上九十点，回家倒头就睡，第二天到单位继续调试。调试过程中，我不止一次后悔自己在各类课程大作业中借鉴师兄师姐们的历史版本，美其名曰"不做无用功，提高学习效率"。没想到这些在课程上耍的小聪明，到了真刀真枪上战场的时候，都来找我还账了。

因为这个项目涉及机电控制的本专业内容，在调试中遇到困难时，我还是习惯性地回到学校找周斌老师寻求建议，好在周老师没有嫌我丢人，耐心地把相关课件都拷给了我，一面批评我还没长进的同时，一面还给我细致地讲解了里面的技术细节。后来我按照周老师的指点，按部就班逐步完成了调试，陆续克服了项目里的几个难点，赶在过年前顺利交差。

工作后的第一个春节，我推掉了所有聚会，利用假期时间整理并思考这半年的变化，思考自己的工作状态，规划今后的工作思路。我觉得身为清华人，尤其是双肩挑辅导员，我的背后有那么多人期盼着我的成长，甚至把我作为他们的榜样。工作后，总要给他们一个漂亮的亮相，才算对得起他们的期盼。这些包袱让我背负了很大的心理压力，让我忘记了自己对热爱领域探索的快乐。

在学生时代，清华园的光环，双肩挑辅导员的光环，读博时导师的光环，把我带到了一个很高的起点，赋予了我宽阔的视野。但真正到了工作岗位上，自己应该放下这些包袱，应该想清楚哪些是自己通过真才实干获得的成就，哪些是学校、平台、导师光环给自己的赋能加成。不能因为曾经在学校时怎样，在工作岗位上就想当然。

同时我也意识到社会与校园的评价体系有了明显的区别。社会把我们编入了一张大网中，原本在学校时多维的评判标准坍缩成了三个：年薪多少，啥时买房，啥时结婚，估计以后还会加一条：升职了吗？在学校的时候，有辅导员、导师时时刻刻关心我们的心理状态、科研压力。但到了工作岗位后，大家只关心项目进度如何，却很少有人会问我们，在目前的工作岗位上开不开心？其实在和好多朋友交流后才发现，棘手的项目遍地都是，顺心的工作才是百里挑一。但是和学生时代相比，有没有好一点的方面呢？按照这个思路，我欣喜地发现，相比于以前读博士的时候，一边忙科研，一边忙各类项目申请预验收时的焦头烂额，现在的工作能让我沉静下来享受把一个项目做成的快乐，算得上是一段轻松惬意的时光。所以，我内心也十分感谢单位，正是军工单位的完善体制，才给我提供了科研环境的充分保障，能为我营造这样舒心的科研环境。

在度过适应期完成了思想上的转变后,我的科研项目也慢慢步入正轨,沿着我熟悉的方向逐步进展了。

■ 将来的规划如何

刚入职单位的时候,我一直调侃清华的毕业导向其实是"上大舞台,干憋屈事",到了大企业,一天天没日没夜做的都是些搬砖的基础工作。但随着工作的深入,我逐渐发现新型装备的研制,都是以大量基础工作为根基的,关键技术的突破需要长时间积累,单从武器型号装备上来看,一型装备从预研到进入型号周期基本上以10年起算,期间的各个环节都需要大量的工程经验,相应的人才培养周期也相应很长。即便我如今已经入职了两年多,也只能说是刚开始进入角色。

在参与研制的过程中,我也渐渐体会到了学校"立大志,入主流,上大舞台,干大事业"号召的内在含义。立大志,能够让我们在社会中各色思想的影响下依然维持自己的初心;入主流,能让我们与国家的重要行业共同成长;大舞台能够有耐心地慢慢培养个人,给予我们更多的赋能,让个人与平台互相成就更大的事业。

在央视中秋诗会现场

上了《中国诗词大会》后，有很多许久没联系的好友也得知了我的毕业选择，他们都惊讶于像我这么爱折腾的人毕业后竟然选择了回定向单位工作，也有一些刚刚相识的朋友问我，为什么选择收入较低的军工行业。我回应他们，在这一点上，我十分庆幸自己赶上了国家重视科研人才的好时代，不用像研究所里的前辈一样，一边做型号项目，一边还要做兼职补贴家用。现在军工院所不像大家想的那么工资低，一些重视研发队伍的院所也会开出符合科研人才价值的薪水，只是和互联网巨头相比，工资没有那么多的溢价，显得工资相对低些。

当然工资收入只是一项重要的工作所得，并不是我们从事一份职业的全部收获。如果国家每年用百亿科研经费培养出来的名校毕业生，毕业后仅以赚钱多少作为自己职业发展是否成功的唯一判据，那也太看低自己了。身边的很多校友也都是白手起家，大部分工作三五年后满足家庭生活开支绰绰有余。有些校友已经能追求更高品质的生活，他们有能力去拿高薪，但是他们依然选择了祖国最需要他们的行业，为自己热爱的事业奋斗。对他们来讲，真的不需要靠收入的多少来证明自己，赚钱养家只是生活保障，能把更多的精力放在追求自身于社会的更高价值，才是他们的目标。毕竟踏踏实实做自己喜欢做的事情才能获得源源不断的快乐。

我觉得我们这一代人，能够把个人的职业发展看得更明白，有能力从事自己热爱的行业，能将个人发展与社会发展紧密结合，实现更大的人生价值。同时也有能力将工作和个人生活区分开，在创造社会价值的同时，也学会享受生活。我相信有能力把生活过出色的人，也一定是有能力把工作做好的人。开心快乐生活，全力以赴工作，本身并不矛盾。

入职两年多来，我依然保留了自己的摄影爱好，以前读博士时心情不好了，和三五好友相约出游，拍拍大好河山。现在变成了每周的古风摄影，远到故宫、颐和园的亭台楼阁，近到楼下花园的一草一木，都是我和朋友们拍摄的取景地。这份爱好将我从工作中完全抽离，让我从身边的各种事物中发现乐趣。作为一个东北人，我从前很少注意节气与时令的变化，但是在这两年多的拍摄中，我也渐渐能叫出很多花的名字了，也能准确说出每个传统节日对应的习俗。这些点点滴滴的生活体验，让我变成了一个更加有趣的人。

在尼康摄影讲座上

写于 2020 年 11 月

张天,清华大学精密仪器系 2018 届博士毕业生,毕业后赴中国兵器工业北方信息控制研究院工作。

张佳敏：挑战学术话语权

张佳敏个人照

■ 立足于中国问题研究

"我想让更多的学者了解中国国情，认可中国学者，认识到中国管理问题的重要性。"张佳敏在第 23 届清华大学研究生"学术新秀"颁奖典礼上的发言，就是她 7 年前来到经管学院的初心。

学术是张佳敏一直想做的事。经管学院国际化的培养模式为她提供了珍贵的学习机会。在与国际知名学者交流的过程中，她学习到了先进的理论知识，更坚定了学术理想，却也深深意识到了自身的不足、中国研究的前路漫漫。

张佳敏博士期间的研究方向是中国创新创业企业，包括创业投融资、早期网络联盟对企业创新的影响。"研究中遇到的最大困难主要是有想法没数据。在中国做管理研究，数据的可得性是个大问题。有时候花了大力气弄到数据，费九牛二虎之力收回问卷，发现数据质量不行……那时候会比较有挫折感。"

"目前战略管理学术的话语权，还主要掌握在西方高校手中。中国数据的质量、中国问题的意义，经常受到质疑。"尽管困难重重，张佳敏一直努力做严谨的中国研究，并希望本土学者能够更广泛地得到世界的认可。毕业后，她远赴澳大利亚知名学府——墨尔本大学商学院任教。谈到未来，张佳敏说她将会坚持做中国本土化的管理研究，并希望将研究成果发表在国际顶级期刊上。

张佳敏知道未来圆梦的路很长，但她坚信"漫漫之旅，唯有脚踏黄土，心怀天下，才能坦坦荡荡，一身荣光"。

与导师高建教授（右）

■ 博士期间精读"百斤"论文

像所有其他研究者一样，张佳敏在从事学术工作的过程中，也曾遇到过各种挫折和挑战。"学术求索的过程中总会遇见各种问题，避开不是办法，只有去面对它。数据质量不行，就只能重新收数据，或者寻找其他数据源，比如用公开数据。"

用公开数据能最大限度地保障数据质量，但即使这样做，在投稿的时候还是会被质疑。"遇到这种情况只能尽量说服他们数据是有保障的。学界对中国数据、中国问题的偏见不是一天两天能改变的，只能有更多的人做出更好的研究才能慢慢改善。"

但张佳敏也提到："国际上对中国数据与中国研究的质疑，也不完全是偏见。因为我们的研究水平参差不齐，有时候会给人造成这样的印象。不过现在随着学者们的努力，国内学者的研究水平在提高，在国际上的话语权也在提升。"

博士毕业（右）

对于如何面对科研中的困难和挑战这个问题，张佳敏说，对抗焦虑最好的办法就是专注。当你全身心地专注于一件事，那些焦虑、彷徨就都会离你而去。她博士的前几年时间基本上都用来阅读文献，精读过的论文加起来有上百斤，能装满两个行李箱。

■ 我不是第一个，也不会是最后一个

说到自己做学术的心得，张佳敏觉得做学术"重要的不是怎么做，而是做什么"。"一开始，我们总容易沉迷于'技'和'术'的层面，总想用很厉害的武器——比如最新的回归模型和计算软件。后来我发现，一篇文章的深度取决于它的理论性，而这需要基于广阔的学术视野。"

在麻省理工学院交换的一年，她经常去听和本专业完全不相关的研讨会和课程，接触到了国际前沿的管理研究方法，并把这些知识运用到中国管理情境中。理论研究体系的完善，使得她的研究成果获得国内外学者的更多认可。"读博士除了专注、执着的精神，更需要树立高远的学术追求。"

在找工作的时候，因为将求职意向扩展到海外，张佳敏经常需要在东西、南北半球之间来回面试，身心都面临很大压力。尽管如此，她觉得一切都是值得的。"我们有时候不应该把就业范围局限在某一地区。不要限制自己，要把眼界放宽。"

在清华 G20 创业中心做讲座

"如今我们学校在国际上的排名越来越好,说明培养出来的学生也受到了更多肯定。去海外就业,我不是第一个,也不会是最后一个。"

张佳敏个人照

写于 2020 年 5 月

张佳敏,清华大学经管学院 2018 届博士毕业生,毕业后任澳大利亚墨尔本大学助理教授。

施华杰：在非洲追逐阳光的两年

■ 寻路：敢问路在何方？路在脚下

记得 2015 年本科入学时，校长送给我们《平凡的世界》作为新生入学礼物，激励我们要有理想精神、奋斗精神和实干作风。我对于在实践中行万里路感触很深，一直尝试读懂大千世界这一本"书"。在大二暑假时，我曾经前往东盟五个国家，目睹了"一带一路"沿线中资企业的热火朝天。让我印象最深刻的是在文莱参访的淡布隆高架桥项目，中资企业的建设让乌鲁淡布隆国家公园中占地 50 000 公顷的热带雨林为更多人所知，把阻隔旅游生态资源的天堑变为繁荣致富的通途。

"耳闻之不如目见之，目见之不如足践之，足践之不如手辨之。"进入大三升大四阶段时，内心的声音一直召唤我去更远的地方看一看。我最终选择报名了"深耕计划"的"一带一路"方向，希望能在非洲东岸的肯尼亚经历两年砥砺打磨，这是经过了深思熟虑后的选择。一是始终只得耳闻、从未真正踏足过的非洲大陆的确非常吸引我前去一探究竟；二是对于非洲这样的相对落后地区，如何在国际合作中实现经济的跨越式发展，也是我非常感兴趣的问题。毕业典礼后的第三天，我就开始为启程前往肯尼亚做准备，并在一周多后登上了前往非洲的航班。

当飞机到达内罗毕上空时，我向下俯瞰到一条望不到尽头的车流，这样的堵车现象在非洲十分频繁。在前往培训销售场地的公路上、微雨的下班回家路上，我常常被堵在半道上。

在飞机上俯瞰内罗毕

道路基础设施的不完善导致交通极易发生拥堵，在降低了交通效率的同时，也极大地影响了居民的出行体验。当地群众为了避开堵车，纷纷选择乘坐不太遵守交通规则的Bodaboda（一种摩的）。我曾特意询问过当地人为什么给摩的取了这么个名字，得到的回答是这片地区地貌特点以稀树草原为主，住户距离非常遥远，往来需要交通工具，司机在招徕顾客时常常会喊"Border-to-Border"，久而久之就演变为现在的名称。这个小典故也从侧面反映了东非地区存在一定区域贸易整合潜力，但基础设施的落后使其往来贸易模式一直都以相当低效的方式进行。

骑上我心爱的小摩托

"要想富，先修路。"基础设施建设被公认为是促进国家经济发展、提高人民生活水平的极为重要的因素。通过在"一带一路"框架下与中国企业合作，非洲各国完善了基础设施建设，提升了经济发展动力。接下来，一系列新兴产业将进一步带动非洲国家工业化水平的提升，优化投资建设，帮助非洲国家缩减区域差距，助力人民脱贫。记得我第一次离开内罗毕去乡村调研市场，沿途经过了同样由一家中资企业负责的市政公路项目。当时建设刚刚开始，沿着土路到达用户家中简直千难万险。而现在，项目已经开展的如火如荼，在不久的将来，将为一方水土带来四通八达的便利，让政府、企业和居民得到共赢。

■ 行路：竹杖芒鞋轻胜马，谁怕

我在肯尼亚主要负责的项目是太阳能家庭供电系统的推广。肯尼亚有1860万人口所在的家庭无法接入市电电力，接入市电的家庭还面临电力不稳的问题，给民生和经济发展带来了巨大阻碍。幸运的是，地处东非高原的肯尼亚有着充足的光照，这为太阳能供电系统的运作奠定了良好的基础。在走访用户时，我看到六七个小孩子从低矮的平房里跑出来迎接，眨着忽闪忽闪的大眼睛望着我们。对比内罗毕城区的许多孩子们，这些缺电地区的孩童从出生开始就因为缺少电力，无法接受教育而输在了起跑线上，非常令人揪心。而我可以做的便是在工作上积小流以成江海，让更多的用户享受数字化生活的美好，获得更多开阔眼界、受教育的机会。而这些太阳能业务的重点用户星星点点地分布在肯尼亚的乡村角落，如何将刚刚开始的项目化零为整，成为考验我的一大难题。

这时，我请教了负责过项目的同事，得到一句"走出内罗毕现场看看"的指导。走出内罗毕，说一点都不胆怯是假的。虽说肯尼亚在东非经济相对发达，但依然存在社会治安问题。但没有调查，就没有发言权，我还是走出了气候适宜的内罗毕，来到肯尼亚较为炎热的西部。在西部乡村的调研，虽不是风餐露宿，但也算得上筚路蓝缕。西部地区市电供应不稳，经常突然断电；坐着摩的在乡村道路上疾驰，眼见两边简陋的铁皮房屋恍若隔世；而乘船到达维多利亚湖上在网电力完全没有覆盖的不知名小岛，岛上绝大部分是渔民，屋顶上大大小小的太阳能电池板让我明晰地看到科技对居民生活的改变，我更坚定了所从事项目的意义。

人在"肯"途，生活充满了小插曲，但也始终不乏小惊喜和小温暖。在一次路演中，突然下起了瓢泼大雨，我们被困在了附近没有市电的屋子里。肯尼亚一向多雨，但没想到那天的大雨一下就下到了半夜。原以为我们就此需要在野外露宿了，但更没想到的是，观看了我们路演的附近部落的民众并没有忘记我们，非常热心地拉我们去他们的家中暂住，帮助我们顺利度过了那个风雨交加的夜晚。这也许是肯尼亚文化中的"投之以桃，报之以李"，我们那段时间的路演吸引了大批民众驻足,也为我们的项目打开了新局面。这段经历让我在非洲乡村来回穿梭、追逐阳光的日子里始终带着感动与温情,充满责任感和使命感。

"不到园林,怎知春色如许",而不入非洲乡村,怎知民生多艰。在肯尼亚的乡村来回穿梭、追逐阳光的日子,是为了让白昼里普照大地的阳光,在深夜依旧为千家万户亮起点点星火。听起来有些夸父逐日的浪漫感,但一定离不开脚踏实地的走访工作。我提出的各种基于用户需求、非常具有实效性的项目建议和战略也得到了领导和同事的认同与赞赏。

于肯尼亚乡村穿梭的日子

■ 探路:矢志信念追求,踔厉奋发前行

在非洲工作很忙碌,但闲下来的时候也相当安适。泛舟于维多利亚湖上,远观渔人,进行着"满船清梦压星河"般天马行空的想象,有时甚至会安静得感觉到有些落寞。正是在湖边,我结识了一位植根肯尼亚二十几年的"老肯",他问我:"在肯尼亚的生活多安逸,尤其是在这湖边,一钓就有鱼吃,何必还要两年之后再回国去呢?"

当时，我没有立刻回答"老肯"的问题。直到2019年的国庆节，适逢国庆节，在天安门广场举行了隆重的庆祝中华人民共和国成立70周年大会。肯尼亚和国内有5个小时的时差，当进行到群众游行环节时，我正好在晨跑，在线上观看了一个个整齐的方阵行进。方阵中的群众大都是和我差不多大的青年，虽然和国内远隔千山万水，但在那个时刻，我真切地感受到了青年一代的命运与国家和民族的命运紧密相连，跨越时间、空间而清晰可见。正是因为国家的繁荣富强，才有了在"一带一路"倡议背景下，像我一样的中国人在不同的国家、不同的大洲为了和平与繁荣而持续贡献智慧和汗水，在"青春的赛道"上跑出属于自己也属于国与国之间合作共赢的"最好成绩"。这也是回答了"老肯"的问题，作为当代中国青年，我们从来就没有真正离开过祖国的关注和怀抱，一直是在不同的时间、地点讲述着属于自己的故事，而这一个个故事的集合便是展示给世界的"中国故事"。

参与"万村通"肯尼亚项目竣工仪式

在非洲这段追逐阳光的日子里，不仅需要做好的是太阳能项目的本职工作，更需要我能最直接地阐释中国故事。从和本地员工互不认识到结成紧密的团队关系，年龄、文化差异的冲击推动我在观念碰撞中不断学习有效的工作和交流方法。几千年的中华文明和几十年的中国特色社会主义道路给予我们抹不去的底色，只有自信于自身的价值观，并敢于接受不同价值观的交流碰撞，真理才能越辩越明，沟通也才能越来越有效。这也正如李大钊先生在《青年》中所言，"进前而勿顾后，背黑暗而向光明，为世界进文明，为人类造幸福"。

如今，我回到校园，在公共管理学院就读硕士已经将近一年。回首在非洲的日子，有面对陌生环境的不适，有面对突发疫情的无措，但正是这些经历给了我更多新的视角去看待社会问题。贫富差距不仅仅出现在发达国家和急速增长的发展中国家，在非洲国家，贫富差距也以不可小觑的态势成为全球可持续发展的天堑，个中问题亟待探究。"千里之行，始于足下"，在非洲追逐阳光的两年中，我亲身感受到了搭建中非沟通桥梁的践行历程；而作为一名公共管理研究者乃至实践者，我还在探索新领域的启航路上，愿矢志信念追求，踔厉奋发前行。

施华杰个人照

写于 2022 年 5 月

施华杰，清华大学车辆与运载学院 2019 届本科毕业生，毕业后前往肯尼亚锻炼两年，现为清华大学公共管理学院硕士研究生。

郑梦雨：一名女记者正在"追风"

最近两年，世界仿佛是一片被冰冻的深海：百年变局与世纪疫情交织，全球自然灾害频发，经济形势经历大风大浪，国际关系暗流涌动，我们都是这片海洋中的一个小小气泡。

当我感受到这些时，渴望"表达"变成了一种本能。毕业后加入新华社，成为一名新闻记者，于我而言是一个直觉的选择。

2019年7月，从清华大学新闻与传播学院毕业

作为职业记者的我们，被认为是观察时代风浪变化的瞭望者，"在天安门城楼上想问题，在基层大地上找露珠"，记者工作给了我一个触摸时代温度、洞见社会真相的视角。

工作两年多以来，我进入过2020年"6·13"浙江温岭槽罐车爆炸事故现场，见到被炸毁的楼房和弥散的烟尘，浓厚的焦糊味直冲鼻腔；曾经在第6号台风"烟花"过境处现场直播，大风裹着雨水混进脚下翻滚的江涛；也曾在建党百年 24 小时大直播中，参与记录和见证伟大时代。

在这个变幻的年代，舆论场如汹涌洪水，许多确定的价值与意义似乎正逐渐被解构。但是，进入新闻现场，和真实的世界发生具体的关系，让我拥有了抵抗自身虚无感的力气、勇气和底气。

疫情期间在一线做报道

我的工作内容时常和主流叙事紧密相连，但与此同时，我相信，在一幢大厦面前，一块块瓦片也很重要，个体的心灵变迁也很有意义。回想起来，反而是那些细碎角落和具体的人，他们在采访之外的一个表情或动作，给我带来了极大的震撼。

有一次我采访一位盲人，她在意外失明后钻研中医推拿，不仅帮人治疗，还将积蓄悉数捐赠于助学。

那是一个深夜，落座采访前，她希望戴上党徽。党徽放在狭长走廊尽头拐角处一间小卧室里。

我想看看她的生活环境，跟在她身后。夜黑屋暗，打开门我什么也看不见，想去寻找灯的开关。她却没有停顿，径直走进房间，在一片黑暗中精准地摸出了一枚小小党徽，戴在了身上。

我忘记了一个盲人不需要开灯。至今我也没有见过那间卧室的样子，或许那里面并没有灯。

后面的对话中，我不免因此而恍惚。我们终归生活在自身的经验里，就像她所说，"我们是一个赤道，两个世界"。我为自身经验的局限性感到遗憾，也为一个人为了求生长出的韧性而敬畏感叹。

还有一次我采访一名生命科学研究员。结束时,我合上本子,一边收拾东西一边跟她闲聊:"最近什么事情让你感到快乐?"她停顿了几秒说:"能够治好他们。"

她随即哽咽。"有一次还差一点就能完成研究,孩子去世了。"她的脸憋红了,"我本来可以救他的"。

那个瞬间,我看到一名理性科学家的感性流露。我也真切地感受到,如果科学快一步,就能救活更多人。

正在采访

加入工作不久后,疫情发生了。我去机场采访驰援前线的医护人员,在旁边站着观察了一阵,找到其中一位医生大哥。我问他:"行李是您爱人连夜给您收拾的吗?"隔了几秒钟,他的眼镜上起了一层雾,眼泪重重地砸在他的行李箱上。

在那前后,我在电话里采访了一位孤单的母亲。她独自生活,女儿是一位护士,悄悄报名去了疫情一线,没有告诉家人。挂掉电话前我问她:"您这几天喜欢听什么歌?"她突然唱起来"真的好想你,我在夜里呼唤黎明",嗓音变得干哑,进而发出呜咽,接着是几秒钟的空白,时空仿佛凝滞。

这些在采访之余感受到的情绪,我都尽可能呈现在文字里。在这种"不确定"的情绪之下,我们似乎都渴望建立更真实的联结,珍惜恒久温存的介质,也都有遗憾和隐忍无从疏解。我在记录别人,也在表达自己。

我慢慢发觉,记录也会培养我对生活的感知。当我把触角从自身放大到周围，自我的许多悲欢被稀释，一个个真实良善的个体能够鼓舞我。

行走的路上，我记录下一些家庭的变化，见证了罕见病治疗药物纳入医保、改变家庭命运的过程，也让曳步舞夫妻、菜市场作家、患病翻译家等生命故事留在了镜头和笔下。

面对弱势者、孤单者、失意者，我用一个个侧面镜头和足够安全的距离，陈述自己的关怀和尊重；那些平凡个体，我书写下他们的生命故事，让那些不为人知的光彩在时间的小溪中洗练出光泽。

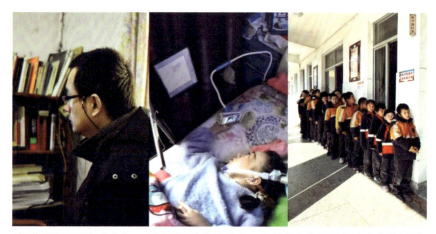

报道患病翻译家（左）、患罕见病诗人（中）、乡村留守儿童学校（右）的故事

我想让更多人看到，在这个世界上，有些人在积极地捍卫价值，有些人在纯粹地爱着他人，有些人正怀抱着炽烈的梦想努力生活。

在我写下的故事里，几位中年男子为深山的孩子们播下了读书的种子；一个善良的人花自己的钱照顾了好多个被抛弃的孩子；四代人背着电影放映机让光影在胶片上流动；有人在大自然中行走，收集声音疗愈他人；一个组织致力于为患病的孩子实现梦想；一群小众艺术从业者为了尊严决不妥协……

这些故事纯粹、平和，其中包裹着爱、生命热情与时代性。采访是经验主义的事情，我仍在摸着石头过河。采访者与被采访者间交浅言深，让我得以在别人的生命故事里歌舞哭笑。

关注小人物的生命故事的一些报道

事实上，主动和被动的遗忘都是很容易的，但我不想遗忘，我的笔端不能因此而静默。

我需要书写，在快和慢、冷和热之间寻找平衡，在信息速朽的时代，努力记录下更接近永恒的内容。

我相信，我们的目光需要一些凝视的落点，心灵之间应该留下一些真实的剐蹭。我们也该去呵护社会集体记忆的真实和连贯，确信自己不会因为虚空而变得迷失癫狂。

一个人的一生，或许会遇到很多阵风。我的 First wind 是成为一名记者。在"追风"路上，我想要勇敢地选择理性，固执地温暖表达。

我在身旁感受风，风也不断吹向我。

作者的报道

写于 2022 年 5 月

郑梦雨,清华大学新闻与传播学院 2019 届硕士毕业生。毕业后前往新华社工作。

宋云天：愿为萤火，发一点光

林子夜

■ 咸火烧与大树

  宋云天至今还记得小时候家附近卖火烧的大叔。大叔早出晚归，勤恳地做着小本买卖。无论严寒酷暑，摊位总是准时出现。有天傍晚突然下起了冷雨，街上的行人、摊贩纷纷裹紧衣服躲回家了。放学后，饥肠辘辘的宋云天本不抱任何希望，却遇见了守在原地的大叔。因为顾客寥寥，打好的火烧已在炉旁围了两圈。

  大叔见宋云天过来，执意要新做一个馅儿多的。油灯的光影下，宋云天瞥见大叔额头上纵横的皱纹。大叔忙碌的身影和盒子里细碎的毛票，使宋云天既难过又困惑——为什么勤勉善良的人们仍然过得这样辛苦？想到这些，年少的他忍不住湿了眼眶。担心大叔看见，宋云天接过火烧后，便赶忙转身跑进了雨中。

  回家后，宋云天忍不住问父亲："善良的人们生而贫苦，究竟是谁的错？"

他还记得父亲是这样说的："我们做的还不够多、国家还不够富强，你要好好读书，将来能做一点是一点，让他们少受些苦。"如今，火烧摊位已不复存在，但宋云天仍记得那个混合了眼泪和雨水、多了点儿苦涩的咸火烧。它不断提醒着他，世间总有朴实善良的人们在角落里给予陌生人温暖，而求学不仅仅意味着获取知识、获得学位，还有着更宏大的意义——帮助他人过得更好、更幸福。

园子岁月九载，宋云天逐渐认识到实现自我价值、利国利民的方式有太多种。他的师兄张治曾告诉他，成功、幸福的人生有两种：一种是背包客，自由自在地追求想要的东西，拓展人生的边界；另一种是大树，扎根于泥土，牺牲自己，为往来行人的自由挡雨遮风。

宋云天思考后的答案是："我想成为一棵树。"

此后，每当感到迷茫时，他都会重复问自己这个问题，答案却不曾改变，反而越来越清晰。"我想成为一棵树，成为屹立原野、深入泥土的一棵树，为行人提供庇护。"当年为他讲故事的张治师兄已前往基层工作，而他也决定追随前辈的脚步，兑现自己的承诺。

■ 当好基层群众的勤务员

"小宋啊，我身体有点不舒服，你能不能过来看一下。"一位从外地返乡的村民感觉身体不适，第一时间给宋云天打电话。他迅速赶到村民家里，联系村医诊查，帮助测量体温。"有危险就要迅速前去，将病毒传播的可能性降到最低限度。"

在防疫卡点值班（前左）

自从新冠肺炎疫情暴发以来,宋云天不仅成了村民们的联络员,也成了采购员。大年初二的早上,他就从老家赶回冀屯镇,驻守在前姚村口的防控卡点上。为了防止交叉感染,他确定生活用品需求后,会采购送至村民家中。在村里巡逻期间,偶尔看到忍不住出来"透透气"的村民,宋云天总会劝阻他们:最好待在家中,不要串门、聚会。

与村里志愿者一起帮困难群众打扫院落(左)

驻村以来,他的工作、生活都在村里。为彻底了解情况,他密集走访了大量农户家庭,了解到前姚村共有贫困户13户51人。为了保证贫困户、低保户家庭"情况有人知,事情有人管,难题有人解",村党支部建立落实了"逐户包联,随时联络,每季走访"的困难家庭联系制度,为村民开设职业技能培训,以便帮助他们找到合适的工作。同时,村里还联系了本地的大型企业,定期提供招聘信息,帮助贫困群众就业。

辅导小朋友写作业(左)

"对于有劳动力和青少年的家庭，我觉得提高教育质量、解决稳定就业是阻断贫困代际传递、实现有效脱贫的重要手段。"在前姚村，村支部整合线上教育资源推送给村内学生。针对重病、重残、无劳动力的家庭，村支部则全力争取社会资源，先后联系若干家爱心企业，为贫困群众争取到多批必备生活物资，提供切实帮助。

宋云天觉得自己的工作经验很简单，就是对村民要有人情味，不能让他们受一点气，想方设法给他们做实事。几个月以来，村民需要帮忙时，他总是第一时间出现。"作为一名共产党员，在国家和人民需要的时候，得顶上去，不能掉链子。"

■ 愿为萤火　发一点光

"为人民服务的道路有很多条，为什么一定要直接去基层？因为最广大的人民在那里，他们需要我们。"宋云天知道，在无数个村镇里，还有许多人没能过上理想的生活。尽管他们的双手沾满泥土，臂膀强壮有力，内心渴望幸福，但需要有人回过身去帮助他们更快地向前走。每当走在田间时，他就更渴望扎根在基层、服务于人民。

在村民家中做客

鲁迅在《热风·随感录四十一》中的一段话，常被他反复抄录："愿中国青年都摆脱冷气，只是向上走，不必听自暴自弃者之流的话。能做事的做事，能发声的发声。有一分热，发一分光。就如萤火一般，也可以在黑暗里发一点光，不必等候炬火。"而宋云天所希望的，就是做在基层发光发热的萤火。

回忆曾经决定的时刻，他觉得既然下定决心要去基层，就不想再给自己停留犹豫的时间。"我害怕优渥的生活会让自己忘记来时的路，害怕抽离的视角会让自己只剩下廉价的怜悯与不切实际的自大，失去动手改变的力气，更害怕生活前行的途中成为与劳苦大众利益相悖的群体。既然要为人民服务，还是即刻把自己的命运和人民的幸福捆绑在一起最令人心安。"

宋云天个人照

写于 2020 年 5 月

宋云天，清华大学 2019 届博士毕业生，在校期间曾任清华大学学生会主席，毕业后赴河南做选调生。

甄真：随心而动，随刃而行

■ 心之所向，身之所往

谈起自己的心路历程，回顾以往的学习和成长，我曾做过许多"不太寻常"的选择与决策，所幸习惯于坚持，总还能完成自己最初的目标。早在2010年的夏末，我便根据自己的意愿踏上了前往美国求学的道路，想看看世界上不同的生活和学习方式。

在美国本科学习第一年，出于对所在大学材料工程学院科研实力和基础条件的向往，但却苦于没有转专业成功的先例可循且录取条件非常苛刻，于是我写了一封"感人肺腑"的邮件，并且前后请人转发了十余次，最终，得益中国学生扎实的基础教育，我以几乎满分的成绩向当时全美排名第二的材料专业提交了转专业申请，成为了工程学院七年来唯一成功转专业的学生，也顺利加入了成果丰硕的陶瓷研究组，成为了组内唯一的本科生。

尽管本科生作为近乎全职的科研工作者困难重重，但充满压力的科研工作让我收获了很多，学习能力和沟通总结能力明显提升，这些经历也树立了自己在科研道路上的兴趣和信心。另外，在这几年异国他乡的生活中，除了时刻关注自己的GPA成绩点，在食堂烤披萨、在教室当助教、在实验室修设备都是我有趣的人生经历。

在清华大学材料实验室与博士导师一起

而随着近年来国际环境急速变化，大国角力激化，我国在不断发展的进程中面临着"百年未有之大变局"的考验，潜移默化地影响着每一个留学生的生活和对未来的抉择。回忆起当时留学之初衷，时刻不敢忘报国之使命，在家里的支持下，我婉拒了芝加哥大学、哥伦比亚大学研究生录取函、奖学金及签证政策，放弃留美发展的机会，毅然回到清华大学攻读材料工程的博士学位，坚定地立足在祖国的土地上做出一份事业。

逆流而上的选择总是需要付出更多的努力，需要不断适应的新环境虽然让人心力交瘁，却也能磨练人的意志，给我带来意想不到的收获。记得博士期间前两年总在攻关非常前沿的课题，为了满足试验设想，在两位导师的支持下，我搭建了国内第一台超高真空材料制备设备，花费了大量的时间和精力，常常陷入面带微笑却寝食不安的矛盾状态，尽管焦虑，却提醒自己要时时保持良好的心态。幸运的是，随着研究的深入，我在试验结果中取得了很多新的发现，后两年的时间里发表了几篇有着较高影响因子的论文，收获了"清华大学研究生国家奖学金"和"清华大学毕业生启航奖"等荣誉。

■ 随心而动，终至所归

在选择就业方向的关键时期，结合自己过往的科研经历，我确定将航空发动机作为自己的事业。航空发动机作为衡量一个国家工业水平的标准之一，打破技术封锁，是我国一代又一代青年的夙愿。2019年7月，我如愿来到航材院表面工程研究所担任高温防护涂层研究的一名工程师。过往每一段人生经历，不断完成的身份转变，坚持自己的职业选择，一"心"一意永远跟党走，契合国家的发展需求，终让我实现了"上大舞台，干祖国自己的大事业"这一梦想。

从来到航材院开始，面临从一位研究型博士到掌握应用技术的工程师，再到负责协调组织的型号负责人的角色变化，我认识到自己要不断汲取新的知识，学会从零开始扩展新的能力。为了更好地全身心投入与以往不同的应用技术研究的工作中，我通过努力不断学习专业知识，查阅国内外文献与专利，快速地补充相关知识，更重要的是驻扎在科研生产任务的一线，实际上手每一项所负责的工序，并时常与经验丰富的技术员探讨问题、难点与经验，才能逐渐熟悉专业的特点与难点。

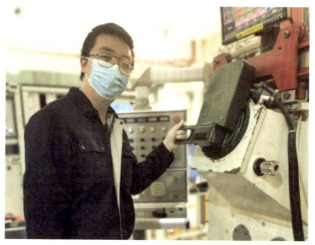

在航材院工作中

■ 随刃而行，扬帆起航

面对严肃的科研型号研究与生产交付任务，我在刚接手负责某个型号课题的工作时，为了更清晰地明确型号要求，连续大半年里，几乎每周都飞到外地与设计人员和主机厂进行沟通汇报，频繁的沟通加强了单位间的联系，也初步实现设计和制造的协调合作。磨刀不误砍柴工，我始终认为了解到一手的需求才能成算在心，走好型号研究的第一步。

当遇到项目执行上的挑战，尤其是针对国际先进涂层设计与需求，具有较大开展难度的技术策划执行时，除了学习借鉴中心前期的工作基础，还采用了头脑风暴和快速迭代的思路，同时开展 4~5 个方案的工艺研制，最终用不到 3 个月的时间在国内首次实现一系列国际先进设计的落地，并通过了试车考核，我也因此获得由设计单位颁发的"型号先进个人"的荣誉。另外，除了完成新的挑战，型号负责人的角色还需对质量严格把关，为此我将工序里每一个技术难点都烂熟于心，工艺中每一个细节都仔细推敲，熟悉任何可能发生问题的风险点，尽量确保不出差错，才能将型号交付任务保质保量地完成。

参加日本学术会议

就在今年的5月，我有幸竞聘了中心主任青年助理岗位，工作中又增添了和以往不同的角色。在做好科研型号的本职工作外，需要以更好的服务精神为中心各个型号的发展提供支持。虽然还有着诸多的不成熟，但勉励自己在助理的工作中不断提升自己在发展策划、组织协调、运行管理等各方面的视野和能力，认真对待和思考每个领导同事的想法和建议，要求自己做到凡事有交代、事事有回应、件件有着落，为中心的发展献出一份力。

纵观自己不长不短十余年的心路历程，简单却又紧凑地完成了留学生、博士研究生、型号负责人、青年助理等一系列的身份角色转变。我感恩新时代的大舞台给了青年人更多挑战和机遇，也提醒自己在奋斗的过程中敢想敢做，走出自己的路。

作为中国新时代大变局下的青年，我将拥抱新的可能性，自面向未来，脚踏实地、坚定不移在祖国的航空事业中扬帆起航。

写于2022年6月

甄真，清华大学材料学院2019届博士毕业生，毕业后入职中国航发北京航空材料研究院表面工程研究所，从事高温防护涂层技术研究工作。

刘维特：去央行，从随口说说到梦想成真

■ 懵懵懂懂入学了

对这个旅途终点的最早规划始于3年前，当时我刚通过了号称"金融黄埔"的五道口金融学院（也就是中国人民银行研究生部）的面试。有本科同学问我研究生毕业后的职业规划，我随口答道："打算考公务员，能去央行是最好不过的。""为什么不考虑进投行、基金？很容易就能挣到钱啊。"我打了一番太极，却不好解释两个根本原因，一个就是浑浑噩噩地度过了本科之后，自己其实对投行、基金这些都一窍不通，根本就不知道这些工作是干什么的；另一个就是由于父母都是基层公务员，耳濡目染之下自己的确对公务员的工作比较有认同感，也相信自己能够胜任这份工作。

但是总体来看，自己对公务员这一份职业没有进行过认真的评估、全面的比较以及能力匹配方面的准备，只是懵懵懂懂对其比较感兴趣。

2016年9月，担任央行活动志愿者，第一次近距离接触央行

■ 研究生阶段该如何安放

就当我走进道口小院，准备奋发有为、有所建树的时候，现实将我打了个晕头转向。入学班会的自我介绍中，我说自己希望毕业后能进入体制成为一名公务员；在入学教育的金融发展与职业人生的汇报分组中，我选择了公共部门组；在学术沙龙的分组中，我选择了与央行最相关的货币政策组。

应该说自己还是延续了此前懵懵懂懂的希冀，但是研究生的生活立马给我来了突然袭击。班会上满怀壮志地希望竞选上班长，遗憾败北；商学院的课程设置下，没有 presentation 的经验，没有 Excel、PPT 的基本技能，缺少 case study 思维的我，最终连课程展示只能通过"卖惨"求得老师的放过一马；金融行业的实习之风下，发现自己"双非"的背景、浅薄的理解、匮乏的技能都是找实习时的拦路虎，整个学期都很"异端"地没有找到哪怕一份远程实习。看着周围的同学在课堂上行云流水地展示思维逻辑，在谈笑间颇有洞见地分析商业模式，在实习上有的放矢地筹划职业选择，我不仅是酸了，而且是慌了，实在是不知道自己能不能"混"过研究生阶段，不知道自己的下一步该如何安放。

这时候我连自己能不能走出校门都不知道，更遑论究竟是考公务员还是去市场化机构。

■ 跌跌撞撞从零起步

这个时候，只能咬紧了牙关，尽可能让自己不崩溃、不迷失。默默地观察那些完美主义者们在手到擒来前的切磋琢磨，希望能够拾人牙慧地加以模仿；既然没有实习，就在空闲的时候读《金字塔原理》这种工具书，或者《人类简史》这种畅销书，摸索 PPT 的构图和 Excel 的函数，希望能够补足思路与技能的短板；尽可能地做好一些微不足道的学生工作事务，解决老师和同学的当务之急，希望能够让自己的生活有点厚重感。

第二学期的生活有了转机，算是连滚带爬地完成了一份券商宏观研究实习，几乎从无到有地帮助导师搭建了一份评价体系，能够抽丝剥茧地解决课程作业，逐渐游刃有余地完成手头的学生工作事务。学期末的时候，有同学点名希望能够和我合作担任实践支队长；前任党支书希望我能接任下一任党支书；有过合作的教务老师希望我能担任课程助教；暑期实践期间主导了几次问答环节。

2017年10月，暑期实践答辩

自己终于算是在研究生阶段站稳了阵脚，逐渐有了核心能力，也有能力和心气儿去考虑职业选择的事儿。审视了自己的研究技能与协调沟通，对比了自己在金融行业实习的心态和在学院做学生工作时的心态，感觉在公共事务中更得心应手和具有价值感。

■ 不怀疑自己的思辨能力，不受制于自己的盲目情绪

研二上学期，自己的角色就是党支书和备考者。由于明确地决定考公务员，因此几乎两耳不闻"秋招"事。一方面是出于自己在学生工作方面的"洁癖"，不愿因为自己的疏忽而影响集体的利益；另一方面也认为在党支书工作上的充分历练有助于我胜任日后的工作。因此研二上学期，我在沿袭前任党支书严谨负责的工作方式的同时，也尝试融入自己的特色，例如，不厌其烦地"备党课""讲党课"以至于一同备考的小伙伴一度认为我忙于党建工作已经放弃了国考。但事实上，我已经为备考做好了充分的规划并有条不紊地刷题、总结。我的生活充实而富有方向感，对党建工作的认同感进一步强化了我成为公务员的选择。

2018年3月17日，经过前后6个月的初试准备、复试准备和等待之后，接到了国考失利的消息，尽管在当场知道面试成绩后就已经心如死灰，但是

心里依然难掩不愿接受的低落。不愿就此放弃的我，随后分析了自己面试失利的五个原因，制定了接下来的生活和学习的十条规划，总结了四条阿Q式的收获后，最后决定"不怀疑自己的思辨能力，不受制于自己的盲目情绪（主要是指面试准备时的盲目自大）"。

2018年5月，带领党支部学习总书记讲话

接下来，我拒绝了某政策性银行的补录，拒绝了导师抛来的橄榄枝，没有像学院大多数硕士一样两年毕业，而是决定晚一年毕业，再试一次国考。在我做选择的时候，3年毕业这件事对我来说不是一个选择，如何把第三年的时间过好才是一个问题。尽管在同学们将要毕业离开的时候自己感觉有点落寞，但是还是很积极地在思考接下来一年的安排，例如，尝试一些前两年没有尝试的校园活动，多参加一些论坛、会议，重新思考一下之前没有想清楚的问题，等等。

2018年9月，6个月前让我吃了闭门羹的某部委来校内宣讲，尽管不是此前的选调通道，但是在现场见到了引导我复试时的工作人员。然而，现场交过的简历立即石沉大海，初筛的机会都没有获得。略感意外的我上前了解情况，却被告知个人经历与他们的一些要求不相符合，同时也不建议我报考今年的选调岗位。在综合考虑了上一次的失利与这一次的意外之后，我反而对考公务员或者说求职这件事有了新的认识。职业是一个双向选择的结果，有的时候并非是一厢情愿、百折不挠就一定能够获得心仪的工作。那么你能够做的就只有两点，一是明确与自己相匹配、有可能入职且自己心仪的岗位；

二是准备的时候全力以赴、不留遗憾，尽人事以听天命。如果真的获得了入职的机会，那就抓住契机在岗位上勤勤恳恳、发光发热；如果运气差了一点，与心仪的岗位失之交臂，除了尽可能准确地找到失利的主客观原因之外，就是收拾一下心情重新出发。

■ 第三年：一手拉起新生，一手备战央行

因此，自己并没有在这件事情上再次进行过多的纠结，而是重新审视了一下自己的经历、自己的爱好与自己理想的工作状态。综合考虑之下，最终把目标定在了中国人民银行。

之后的事情就简单明朗了很多，10月份之后，重新拾起国考初试的准备工作，感受了一把"二战"的挣扎与心酸；同时一边投递简历找其他工作，一边帮助导师推出新一期的报告。这时候负责党建工作的学姐找到我，问我愿不愿意当新生助理。我当时的感觉是，这个事情有点对我的路子，既希望能做好传帮带的工作，让自己有限的精力得到充分的发挥；也希望可以让自己的这段清华时光充实点，因此我答应了下来。

2018年9月，参加新生班级活动

我和担任过本科生辅导员的小伙伴讨论经验，向我自己当时的新生助理征求意见。综合之后，我把这份职责定位成两个角色，一个是新生们的"好朋友＋引路人"，尽可能地把自己此前的所见所闻传递给有需要的新生，对

于他们的疑惑也知无不言言无不尽，将"真诚"和"投入"视作工作的命门；另一个是"缓冲带＋传声筒"，我比新生们多理解一些学院的安排，我也比学院的老师更熟悉同学们的声音，因此我有责任将学院与新生更好地串联起来，也有义务尽可能地像填充物一样填充学院与新生、新生与新生之间的真空地带。

担任新生助理期间，我很重视解答每一个同学的每一个问题，因为这或许能帮他们多了解一段讯息，少走一点弯路；我也很享受和新生们交流沟通的时光，因为我看到了每个人的才华，也感受到了他们的信任。尽管他们的很多问题我现在都没法解答，但是我还是感觉与他们在一起的自然与自在。

时间来到 2019 年 3 月 27 日，在网上查到了自己的拟录用公示。尽管此前已经经历了政审环节，心里已经有了一点谱，但是在看到这份公示之后，还是感慨无限。

即使没有通过国考，我依然感觉 3 年毕业对我来说是十分值得的，因为新生工作给我带来了成长，给我带来了友谊；并且我更愿意相信，是做新生助理的工作为我的求职赋能，让我在枯燥的备考中真切地感受到了人际间的温暖。

■ 遇见你是最美的年纪

很难想象也不敢想象，如果没有走入这片园子、没有踏进这个院子，我的生活将何去何从。还能实现最初的梦想吗？还会拥有最初的梦想吗？入学不过 3 年，却猛然发现无论是"自强不息，厚德载物"的清华精神，还是"不怕苦，敢为先，讲团结，重贡献"的"道口传统"，都已成为生活的重要拼图，而这 3 年的生活所形成的"路径依赖"也让我对"为祖国健康工作五十年"充满期待。水丰木茂的清华园，砖红庭深的五道口，不仅提供了梦想的土壤与成长的空间，更是给未来留下了无尽的想象。

多幸运在最美的年纪遇见你，也或许是遇见你才是最美的年纪。

写于 2019 年 10 月

刘维特，清华大学五道口金融学院 2019 届硕士毕业生，毕业后到中国人民银行工作。

栾文焕：一名普通选调生的普通基层生活

刚接到写稿邀请时，仔细审视了自己半天，作为每年奔赴基层万千选调生中的普通一员，虽然也一直在成长，但并没有做出什么成绩，大概在此只能分享一些我在基层的所见所闻、所做所感了。

栾文焕个人照

研究生的3年时光，大部分时间我都泡在实验室里，早出晚归，按照当时我的人生规划，我希望毕业后能够进入某家技术很牛的芯片公司，争取成为技术"小"佬。清华给了我们很好的平台和很多的机会，学校也一直倡导"立大志，入主流，上大舞台，干大事业"的家国情怀，一次偶然的挂职实践让我认识了很多有意向选调的同学，第一次接触到选调，了解到每年有那么多学长学姐义无反顾地选择扎根基层去实现自己的人生价值，让我对基层干部有了新的认识，也意识到基层作为政策落地最后一公里的重要性。知道选调生这样一种职业选择之后，慢慢开始关注选调的相关政策要求，生活中也多了很多志同道合的师兄师姐和同伴，大家的初心和经历让我更坚定地选择成为一名选调生。

2020年9月，这是我来到基层的第十五个月。

初到村子里挂职时，正值脱贫攻坚的关键时期，但是我认不全贫困户，也找不到他们的家在哪里，村里的大哥就带着我去挨家挨户地跑，和我介绍每户的情况。从小在城市里长大,第一次来到村里,才知道原来同一片土地上也是有天差地别的贫富差距,不幸的家庭各有各的不幸,有头发花白、走路颤颤巍巍、吃住休息都在一间屋的五保老人,有爹死娘改嫁、跟着爷爷奶奶生活的小孩子,也有身患残疾但仍需要打工来抚养三个孩子的单身母亲。贫困群众的文化水平有限,同时致贫原因不同,需要经常和村干部一起去贫困户家中进行教育、医疗、就业、金融等相关扶贫政策宣传,帮助老百姓解决生活中的实际困难,为常年吃药的贫困群众办理慢性病门诊,提醒外地就业未办理保险理赔的贫困户进行报销。协助村里在中专、中高职学校读书的贫困学生申请享受每年 3 000 元的"雨露计划"补助。帮助有劳动意愿和劳动能力的贫困户联系就近的扶贫车间解决其就业问题,激发贫困户的内生动力。将扶贫工作做实做细,确保了"两不愁三保障"及饮水安全政策落地落实,保证了贫困群众能享受的政策一项不漏、一户不少、一人不落。

入村走访(右)

挂职村的扶贫车间生产情况

走村入户过程中，我会更加留意贫困学生，因为教育的意义就是给每个人机会，可以成为更好的自己。我联系到县税务局的年轻税务干部与村内8名贫困学生一对一结对帮扶，还利用五四青年节的契机，联系了清华大学马克思主义学院博士生理论报告团的3名讲师，线上交流，传递思想温度。希望通过与这些优秀青年的沟通交流，让没有走出过村的贫困学生开拓眼界，知道外面的世界是怎样的，让大家相信通过教育是可以改变自己命运的，每个人的未来也都是有无限可能性的。通过对我们村贫困学生进行摸排，在郓城县志愿者协会的协助下，为村内符合条件的2名贫困儿童小德、小远组建了"童心益角"，赠送学习桌，布置学习环境，营造良好的学习氛围。吕西村的小丹、随西村的小远、姚庄村的小壮，他们都父母双亡，跟随爷爷奶奶生活，他们有相似的境遇，长期在生活条件简陋的环境中成长，缺乏父母关爱，甚至十多岁的女孩都没有自己的独立居住空间，"希望小屋"儿童关爱行动为他们创造了一个摆得下一张平坦的书桌、安放得下一张舒适小床的属于自己的独立空间。一处小屋，无限希望，有爷爷奶奶们溢出眼角的感激，还有孩子们的笑脸。

很多人会说，贫困生的原生家庭不那么好，他们的前途基本就那样了，没有什么希望可言。就在前段时间，县里有个助学活动，资助每位考上大学的学生5 000元，有位考上大学的贫困生小辉在亲戚的帮助下来镇上办理相关手续，他是位盲人，因为本地没有特殊教育的学校，一直在外地特殊教育学校就读，今年以优异的成绩考上了本科，当他乖乖巧巧地坐在那里安静等着我们办理手续时，不知道为什么我竟有些对生命的敬畏和感动。

税务年轻干部与挂职村的贫困学生结对帮扶

在基层，由于欠缺实际工作的经验，对于我来说，群众工作是最棘手的事情，它需要足够多的经历积累，有经验的老同志、老领导处理镇上的纠纷问题得心应手，之前镇上的副书记处理信访工作很有一套，很多人解决不了的问题只能交给他处理，只有他说的话老百姓们听得进去，这种工作技巧和两者建立起来的信任是需要长期的工作才能形成的。主动俯下身子做小学生，通过观察老同志、老领导如何开展群众工作，多听、多看、多思考、多实践，自己也在慢慢学着用群众的语言来交流。

虽然生活永远不可能像我想象中的那么顺心，但也没有想象中的那么糟。见过上了岁数的帮扶责任人带着老花镜还在一字一顿地研究各项扶贫政策，虽然读得慢，但是从来没有说放弃不看了；也遇到过包村干部为了让五保贫困户搬离危房住进敬老院，不知道去了多少趟贫困户家，废了多少口舌，做出了多大的努力，才让这位贫困户接受住进敬老院；镇扶贫办协助村干部把患有尿毒症的贫困户徐哥纳入即时帮扶，徐哥本来拥有一个幸福的家庭，去年经历了车祸，今年又查出患有尿毒症，每周需要去县里肾透析3次，一次200元，因为一场意外的大病让一个小家庭失去一个主要劳动力，看病的费用就像是一个无底洞要吞噬掉这个家庭，但是及时纳入贫困户系统，享受到医保报销的扶贫政策，每次只需要花费去县城透析来回的路费，一共8元；还遇到很多很多可爱的人，路口搬着马扎晒着太阳的大爷大妈们，虽然说不出话但一直笑眯眯的贫困户，还有赶着羊到处走的村民。我始终相信，只要是真正从百姓的角度出发，实实在在地用心为百姓做实事，哪怕是微不足道的一点小事情，也能够换来百姓的真心。

帮扶责任人过春节时走村入户送温暖

在基层，我很少会提到我是清华毕业的，因为清华各领域出色的人太多了，我只是其中的一个普通的不能再普通的人，很怕自己因为做得不够而辜负大家的期待，但在心底也在默默地更严格地要求自己，少一点抱怨，多一点奋进，能有一份热，发一分光。希望我的努力可以让这个世界变得有点不同，哪怕只有一点点，与大家共勉。

见证了麦子绿了又黄的一年

写于 2020 年 4 月

栾文焕，清华大学微纳电子系 2019 届硕士毕业生。毕业后前往山东做选调生。

张宇涵：初探联合国

我的求学和职业发展经历总结起来是，不断探索不同的知识领域，了解世界上不同的地区、不同的群体，从而有更大的容量去理解世界，参与跨群体的沟通、合作。

■ 本科学习

我本科就读于环境学院的全球环境国际班，国际班给学生提供了宽厚的基础。课程设置上，既学环境专业课，也学相关专业的基础课：国际关系、经济学、法学、社会学、公共管理、人文、跨文化沟通等。这使我对多个学科产生了兴趣，有意识地用多种视角和思维方式去理解世事，以问题为导向进行跨学科学习，并建立起一个基本的知识地图，需要时能找到所需的知识和思想资源。例如，我现在补充新知识，能找到相应的导论教材、Oxford Handbooks、Oxford Bibliographies、中英文期刊快速学习。我刚进大学时并不知道世界上有这些知识领域，有这些视角，国际班的课程设置给了我最初的助推。

后来我观察到，跨学科的学习有助于做综合性强、复杂性强的事情，比如，对复杂事物的认知、对不同视角和观念的兼容、大局观、综合管理、外交。在学习、工作中也了解到一些跨学科学术机构、教学项目，例如，哈佛大学的 Radcliffe Institute for Advanced Study、斯坦福大学的 Center for Advanced Study in the Behavioral Sciences、剑桥大学的 Centre for the Study of Existential Risk、牛津大学的 Oxford Martin School、麻省理工学院的 MIT Media Lab、德国的 Ernst Strüngmann Forum、加州大学伯克利分校的本科专业 Interdisciplinary Studies Field、耶鲁大学的课程"World Order and the Liberal Arts"和"Studies in Grand Strategy"等，感兴趣的同学可以留意。

国际班的两段出国培养环节给了我初步的全球视野和意识。一段长期出国是去意大利威尼斯国际大学交换一学期，师生来自世界各大洲，学习可持续发展、全球议题、文化研究等课程。这次交换和后来的几次出国学习、实习，让我浸入式感知与国内不同的环境，了解文化背景各异的社会和群体，了解别人的思维方式和关切，学会理解和包容差异，锻炼了跨文化沟通。事后来看，这些点点滴滴的积累是做国际沟通、全球事务相关工作的基础。

一段短期出国是去德国波恩观摩联合国气候变化谈判。这次观摩让我在一线看到全球治理的复杂艰巨，引发我长久地关心这个问题：在全球层面人类如何更好地合作、减少内耗（一本可参考的书是 Thomas Hale 和 David Held 编写的 *Beyond Gridlock*）？这次观摩让我初步熟悉了国际组织的工作环境，促成我后来有底气申请联合国实习。

观摩联合国气候变化谈判

国际班还提供了许多职业发展的支持，多次邀请经验丰富的国内外业界人士与同学们座谈，并推荐同学们到相关国际组织、政府部门、智库、非政府组织等机构实习。我们本科期间就对工作领域有所了解，这对思考自己的职业发展、后来选择研究生项目很有帮助。这些座谈和实习让我们看到了榜样，鼓舞我们成长为像前辈们那样的人。

本科期间对我影响比较大的还有清华国学院刘东老师的选修课"思想史研究专题：跨越与回归"，尤其是刘老师的文章《未竟的后期——〈欧游心影录〉之后的梁启超》。梁启超先生亲历巴黎和会之后，回到清华任教，"不光是摆脱了半殖民地国家人民最容易产生的文化自卑以及由此导致的'全盘西化'的目标，还同时突破了后发现代化社会最容易陷入的、仅仅作为民族国家去'寻富求强'的情结，而升入了面向整个世界的、承担着人类共同未来的交互文化使命"。梁启超先生在《欧游心影录》里写道："人生最大的目的，是要向人类全体有所贡献。就此说来，一个人不是把自己的国家弄到富强便了，却是要叫自己国家有功于人类全体。不然，那国家便算白设了。明白这道理，自然知道我们的国家，有个绝大责任横在前途。什么责任呢？是拿西洋的文明来扩充我们的文明，又拿我们的文明去补助西洋的文明，叫它化合起来成一种新文明。"奋乎百世之上，百世之下闻者莫不兴起也。梁启超先生未竟的后期激励着我，一直关注当代中国对世界的积极贡献、关注文明交流互鉴。

刘东老师主编了几百本《海外中国研究丛书》《人文与社会译丛》，他自己动手绘制西方学术界知识地图的气魄也鼓舞了我：每代人都要不断扩充知识地图，增进中外知识界的相互了解；自己可以主动了解世界上的知识积累，有机会时介绍给中国读者群体。我开始大量查找英文书，至今在豆瓣网上添加了600多本新书的条目，其中大部分是社会科学英文新书。后来在联合国实习以后，我开始留意欧美地区之外的社会科学、思想资源。

■ 硕士学习

本科毕业后，我就读于清华—耶鲁环境双硕士项目。国际班和双硕士都是环境学院新创办的教学项目。老师们努力创造条件、克服各种困难，为我们提供这些教育，我们很感动并深受激励：我们也要像老师们那样，主动去做开拓性、前瞻性的工作。

双硕士在耶鲁大学学习三个学期。除了完成培养方案，我还浏览了许多课程大纲、旁听了一些课程和讲座，刷新了自己的知识面，初步了解了美国对世界的认知、美国对自身的认知。

在耶鲁期间印象深刻的有几件事。师生对世界各地有很多了解和研究。世界上几乎每个地区的历史和当代研究都有相应课程。我旁听了一门本科生研讨课"治理中国"，讨论了近3年出版的中国研究专著和期刊论文。在这个美国东海岸小城的一座小楼里，一群本科生努力地理解万里之外的中国国内的治理方式。硕士同学中，不少美国同学本科毕业后加入美国和平队（Peace Corps），到发展中国家基层做两年志愿服务，再读研究生。他们对外国有长期了解、亲身体会，并促进了民心相通。我上了一门定性研究方法课，美国同学的研究计划是把调研地点都选在发展中国家，没有一个选在美国本土，可见他们对发展中国家的关注，觉得发展中国家的事情是自己关心的、自己能参与的。

耶鲁图书馆门檐上刻着世界各大文明的文字

在校生能充分了解工作中需要的意识和经验。有些课由资深业界人士讲授，例如，前乌克兰常驻联合国大使 Yuriy Sergeyev 教国际组织课，前美国国务卿 John Kerry 教美国外交课，前美国气候谈判代表 Susan Biniaz 教气候谈判课，学生可以近距离向这些资深业界人士学习。研究生院里，几乎每周都有业界人士的讲座，也有校友回学校和在校生座谈，交流业界动态，为在校生的职业发展答疑解惑。我修的课程当中有两门是关于人际沟通、如何与人共事的。这两门课让我注意到学习人际沟通、与人相处的好的方式以及成为称职的团队合作者，也让我产生了对人际沟通、社会心理学、组织行为学的兴趣。

在耶鲁期间，我还体验了跨群体的同理心。时值美国总统换届，美国的环境政策大幅倒退，我目睹了美国师生对自己热爱的祖国、热爱的事业受到损伤的痛心。我做了一学年高级中文课助教，我选注了《诗经》《论语》，在辅导课上带着学生读，尝试让美国学生从中华文明自身的视角来学习中文、体会中华文明的性情和价值观。温柔敦厚，《诗》教也。

有一件事对我的职业选择有所触动。布鲁金斯学会中国研究中心主任李成老师来耶鲁做讲座，他在开场白里说道："基辛格把自己保存的资料捐给了耶鲁。基辛格的一大贡献是促进了冷战的结束。怎样防止下一次冷战发生，有待在座各位的努力。"这促使我后来选择去做多边主义、具有全球包容性和普惠性的事业，以对话代替冲突，以协商代替胁迫，以共赢代替零和，以人类命运共同体的范式代替冷战的范式。

■ 联合国实习

得益于清华职业发展中心的选拔和辅导，我结束在耶鲁的学习后，先后做了两次联合国实习（同学们记得多关注职业发展中心的通知，报名咨询）。第一次实习是在纽约联合国总部的经济与社会事务部，协助联合国可持续发展高级别政治论坛的会务。第二次实习是在非洲肯尼亚首都内罗毕的联合国环境署总部，协助筹备环境署的科学—政策—商业论坛。

联合国可持续发展高级别政治论坛

这两次实习使我的视野更加全面：世界上既有发达国家也有发展中国家，发达国家、发展中国家当中各有很多个国家，每个国家各不相同，国情复杂。我开始学着和来自世界各国的同事沟通、共事，在工作中观察世界各国、各方如何参与全球事务、如何与国际组织互动。

我服务的这两个论坛都是多种利益相关方（multi-stakeholder）论坛，参与方来自国际组织、中央政府、地方政府、学术界、商业界、非政府组织、媒体，等等。国际组织与这些利益相关方一起构成全球事务、全球治理的大的生态系统，信息、观念、人才在这个大的生态系统里流动。这个大的生态系统里的观念和实践塑造着国际组织的观念和工作方式。

国际组织为各国、各相关方提供了相互了解、沟通交流的平台。各方在这里倾听彼此的关切和诉求，使本方的认知更全面、更有同理心，在一次次沟通中平等协商、求同存异，建设性地解决问题。国际组织也为各方提供了集体学习、互学互鉴的平台。每个国家的发展都是摸着石头过河，其他国家的实践和探索可供本国参考、反思，取长补短，共同进步。同时认识到，不同的社会有不同的传统和习俗、不同的做事方式，要相互尊重。各国、各方在互学互鉴中涌现出的集体智慧，将有助于应对人类社会面临的种种风险和挑战。

  这两次实习使我越来越深地感受到，国际组织工作是我想做的事业。这首先在于价值观的感召：我认同联合国宪章宗旨和原则，认同多边主义，认同全球治理往公正合理的方向发展。习近平主席在联合国成立75周年纪念峰会上强调，中国将始终做多边主义的践行者，积极参与全球治理体系改革和建设，坚定维护以联合国为核心的国际体系，坚定维护以国际法为基础的国际秩序，坚定维护联合国在国际事务中的核心作用。作为一名来自负责任的成员国的公民，我希望尽自己绵薄之力，为国际组织的事业添砖加瓦。

  国际组织的事务是我想长期思考、探索的问题：在各方的认知和诉求有差异的情况下，如何促进不同国家、不同群体间的相互理解、沟通、合作？在全球范围内有哪些实践经验和思想资源值得学习？工作中需要消化来自世界各方的大量信息，让我不断加深对世界的理解。在全球性的团队里，我也能做出贡献，例如，我和同事们在工作中的交流，增进了同事们对发展中国家、亚洲文明、南南合作的了解。

联合国环境署内罗毕办公室合影

■ 求职感悟

据我目前的初步观察，国际组织的全职工作需要自己积极寻找，不像其他单位那样每年批量地秋招、春招。我现在这份全职工作是来自实习期间一位全职职员要换工作，她手上的工作需要有人接手，我就是这样找到工作的。国际组织里的职业发展也是要靠自己主动寻找工作机会、积极竞聘的。虽然存在这些不确定性，我觉得在职业生涯前期是可以接受较大的不确定性的。年轻人本来也没什么可失去的，不妨怀着创业者的心态去找工作。《远见：如何规划职业生涯三大阶段》这本书给了我启发：职业生涯很长，最初几年可以把重心放在探索、尝试上。只要保持思考和学习，积极去做重要的事、创造价值，总有能做的工作。况且，随着社会的演化，雇佣关系可能会有所演变，可以参考领英创始人里德·霍夫曼的书《联盟：互联网时代的人才变革》。

据我观察，国际组织职员的工作流动是双向的，有些职员进入国际组织之前在政府、学术界、商业界、非政府组织、媒体等相关方工作，也有些职员在国际组织工作几年后选择去这些相关方工作。因此，考虑在国际组织求职的同学不必担心这是终生的决定，可以工作一段时间探索一下，之后如果想换工作是可以的。即便将来回到国内工作，国际化的工作经历也是有益的。随着中国不断扩大对外开放、深入参与全球事务，有大量的工作需要和全球各国、各方打交道，和国际化的团队合作。

在校的同学们要想了解世界、锻炼自己的全球胜任力，有许多途径。可以去国外社会实践、学习、实习，在国外生活一段时间，像人类学家一样进入田野。在陌生的环境、社群里生活，容易激发不同于往常的关注点和想法。纽约的实习经历启发我把硕士论文选题为研究联合国可持续发展目标；内罗毕的工作和生活使我更加关注发展中国家、南北关系、南南合作，注意反思殖民历史、帝国主义、霸权主义。近年来，学校提供了越来越多的海外社会实践、海外实习、交换学期等机会，还有各院系的双硕士项目、联合培养项目、发展中国家研究博士项目等。此外，可以多和国内外师生、不同群体的人交流，留意相关课程和讲座、中外学生一起参加的沙龙和工作坊，记得多关注职业发展中心、全球胜任力中心、国际合作与交流处的通知。还可以多阅读、听播客、关注业界人士及研究者的社交媒体。

回望大一入学时的自己，完全想不到后来会产生上述这些经历和想法。由衷感激母校提供了多维度的教育和广阔的探索空间。学弟学妹们，发挥你们的想象力和探索精神吧，到世界上闯一闯！

写于 2022 年 4 月

张宇涵，清华大学环境学院 2019 届硕士毕业生，硕士期间先后在纽约的联合国经济和社会事务部、内罗毕的联合国环境署总部实习，毕业后在联合国环境署总部工作。

张鹏翀：一个"小镇青年"的清华八年

当我第一次迈进清华园的时候，当时未曾想到，未来会在这里待8年之久。

用现在流行的一个词来说，自己大概就是典型的"小镇做题家"。从一个县级中学来到清华，从县城来到北京，感受到的是从里到外的巨大冲击，感慨于大学生活的繁华与精彩，也惊诧于同学们的开阔视野和渊博知识。

来到清华的第一堂课便是接受自己的平凡。当所有的高考胜利者在这里相聚，必然有人会成为新的失意者。过去引以为傲的学习成绩，现在却变成了致命的短板；原本构建的自我，只能在这种巨大压力下接受重塑。但恰恰是这样的压力，逼着我重新去认识自己。在大学本科的4年，我一直都在思考自己想成为什么样的一个人。学习、社工、科研、社团、实践……我在不同的场景中探索，也在对未来的迷茫中不断追寻。

■ 数千人代表的"大多数"，只是社会的"小部分"

回头看，大概在探索的过程中，对自己影响最深的不仅仅是在园子里的文化熏陶，还有两次在暑假的社会实践。一次是去河南上蔡文楼村的实地调研，另一次是去深圳关外工厂的走访座谈。

文楼村是最早被媒体公开艾滋病疫情的村庄。在清华园，你会看到很多梦想改变世界的人，而在这个村子里，你会看到坐在你面前的艾滋病病毒携带者正担心自己身体机能不断下降。一面是对未来光明的追逐，另一面是笼罩在黑暗下的阴影，这种对比是如此强烈，让尚在大二的我对象牙塔外的真实世界第一次有了清晰的触碰。

提到深圳，想到的大概是充满活力的创新之城，而在关外，却藏着另外一个深圳：这里有许多从全国各地来打工的年轻人，每天在工厂重复地做着枯燥的工作，为了自己的梦想而在不断努力着。不是每个人的梦想都那么宏大，也不是所有人都有优渥的条件可以去追求远大的目标和理想，我们以为的身边的"常识"和"大多数"其实是这个世界的一小部分。

正是社会实践，让我对真实的世界有了多一些的认知，也是从实践出发，让我开始定义自己未来要去做什么样的选择。

■ 看过几千人的选择，才知道人生没有最优解

本科毕业后，我在职业发展中心工作了两年，参与了几届毕业生的就业工作，见证了毕业生如何做出工作的选择；也是从这一年开始，我连续参加了五年的招生志愿者工作，见证了高三的学生和家长是如何做出学校和专业的选择。

招生和就业，一个是到来，一个是离开，一来一往，像是两场大型的社会学观察实验，在不经意之间，自己看到了数千人在这两个人生岔路口的选择。

高中阶段的佼佼者，在高考之后，总会有那个大部分人想有却不能有的烦恼："上清华好还是上北大好。"他们中的很多人的成长轨迹，大概是从区内最好的小学到市内最好的初中，再到省内最好的高中，一直在惯性的推力下行走，高考的选择大概是第一个需要慎重思考的选择。在这个选择中，家长和孩子都希望得到一个回应，大家希望知道选择哪个学校的哪个专业，能够在未来人生的赛道上保持领先。但是，在这道题面前，没有人可以解出来一个正确答案。

园子里的毕业生又经常会在毕业季中的很多个选择中纠结迷茫，习惯了做"别人家的孩子"的我们，仍然想在这次选择的比赛中拿到一个好的名次。但好像从毕业这一刻开始，再也没有了一张考卷，没有出题老师，没有答案，也没有什么最好的选择。正所谓"汝之蜜糖，彼之砒霜"，一些人眼中的求之不得，却可能是另一些人的避之不及。并且现实往往是无奈的，所热爱、所擅长和被外界所期盼的，三者往往无法找到一个完美的平衡点。

人生是一次单向的旅程，习惯了追求一个完美答案的我们，却无法再用控制变量的方法，在每个岔路口去做一次人生实验，从最后的结果来反推出每一个岔路口的最优解。

在我第一次参加招生时毕业的高中生不少也已经研究生毕业步入职场，当时纠结迷茫的毕业生们很多也都在新的岗位上发光发热。看过了许多当时的选择和后面发生的故事，回头去看，每个人的选择都是在当时的信息环境和各种约束下所能做出的理性判断，选择其实没有对错之分。但选择也不是

万能的,没有一劳永逸的选择,我们能做的,只有努力承担当时选择的好与坏,一步步往前走。

■ 那些不曾忘却的,才是最珍贵的

经历过自己的迷茫,也看到过很多人的迷茫,最后到了自己选择的关头,还是会重新拷问自己的内心,究竟最想要的是什么。

清华一直有"立大志,入主流,上大舞台,成大事业"的职业引导目标,无论是学生阶段的熏陶,还是工作两年的所做所学,都让自己对这个目标有了更加深刻的理解。

离开园子许久,许多专业知识也已经忘得差不多,但依然记得史宗恺老师曾经说过的话,"要把自己的幸福和更多人的幸福连接在一起"。我想,这些没有被忘记的东西,才是清华带给我们的最珍贵的礼物吧。正如那个流行的理论,幸福就是"be part of something bigger than yourself",我们终其一生都在寻找同类,都在寻找那个比自己大得多的东西,成为它的一部分,这个东西,最开始是清华,后来变成了我们的工作。

从本科的化工到研究生的双碳,尽管最后进入了政策性银行,但兜兜转转,还是在化工和新能源的产业项目中钻研,这大概就是乔布斯所说的生命中的点点滴滴串联起来的神奇感觉。

张鹏翀个人照

未来的人生道路上，还会遇到很多新的选择，但是无论是在什么岔路口，我想清华已经带给我足够的精神力量，去勇敢地面对每一个挑战。

写于 2022 年 4 月

张鹏翀，清华大学核能与新能源技术研究院 2019 届硕士毕业生，毕业后进入国家开发银行工作。

杨元辰：我是这样被IMF录取的

毕业后到国际货币基金组织 IMF 工作一直是我的梦想。今年年初收到 IMF 经济学家项目的全职 offer，也宣告了我求职季的结束。回想整个过程，既有许多艰辛，也有许多经验希望和大家分享。

在 IMF 实习期间的工作照

■ "有想法，就要去做"

到国际组织工作是我很早就有的想法，可在很长的时间里都仅仅停留在想法而已，真正的转折点发生在一次有幸聆听了朱民院长的演讲后。作为在国际性机构中任职级别最高的中国人之一，朱院长为我们讲述了他作为金融外交家的职业生涯。提问环节中我表达了自己希望能够去国际组织就职的强烈意愿，朱院长听后鼓励道："有想法很好，关键是去做。"短短的回答却点醒了我，没有付诸实践的想法不过空谈而已。当天回来，我就详细翻阅了 IMF 的人才需求，开始了为此一步步的努力。

■ 攻读博士

众所周知，IMF 的主要职能是追踪各国之间的贸易状况，主持制定国际货币经济政策，为成员国家（地区）的国际收支逆差提供信贷支持，其雇员绝大多数都是经济金融学博士。攻读博士就成了我的第一个目标。

■ 增加阅历

五道口读博的第三年，在富布赖特奖学金的支持下，我选择来到哈佛商学院读书。哈佛给我打开了一扇崭新的大门，并给了我机会与自己最仰慕的教授合作，让我收获了科研水平的提高，也让我学会舒适地与异文化为伴。国内积累的学术基础，丰富的科研经历，加之对环境的迅速适应能力，让我先后收获了泛美开发银行、亚洲开发银行和 IMF 的实习机会。

泛美开发银行实习生合影

■ 了解世界

与实习更多地强调研究能力不同，IMF 全职员工的选拔更多的是考察候选人是否具有成为一名经济学家的潜力，既要能够对成员国家（地区）的宏观经济状况进行分析,又要能够为政策制定者提供可靠的政策建议。这就要求候选人不仅需要像所有博士那样在各自领域的学术前沿有所突破,完成原创性的研究,同时需要具有理论结合实践的能力,思考研究背后的政策意义。在最重要的面试环节,我被问到的问题涉及发达国家负利率、石油出口国的汇率选择等诸多时事热点,这些问题都没有标准答案,面试官希望听到的是候选人自己对经济的见解和对世界的认识。

聆听 IMF 总裁拉加德的演讲

这三步看似简单,其实需要比较专注的规划和努力。特殊的地方在于,整个求职季我只申请了 IMF 这一家机构。开始时我有过犹豫,毕竟这是一条更少人走过的路,没有同行者相伴,却有相当大的风险。为此,对每一个环节,我都用心去准备,大到就业市场论文的反复琢磨,小到面试的语调语速、可能用到的经济数据,甚至可能逗笑面试官的小故事……也许正是这种破釜沉舟,让我变得更加专注,也有更多时间去争取最心仪的 offer。

求职的道路并不是一帆风顺的。当科研的压力袭来,当周围朋友纷纷找到了不错的工作,每个读博的人都会有陷入迷茫的时候,我也不例外。导师田轩教授不断提醒我要耐得住寂寞,让我知道这些付出都值得。国际组织中许多中国前辈和同事的鼓励与指导,让我感受到了深深的归属感。还有更多师长、朋友和亲人的支持,无法一一言表。

能够被 IMF 录取，除了个人的努力外，更重要的是我身后是一个更加开放的中国。由衷地希望在走向国际舞台的道路上有更多的同行者和更多的清华人。

写于 2020 年 4 月

杨元辰，清华大学五道口金融学院 2020 届博士毕业生，毕业后就职于国际货币基金组织总部。

多雷：用更广阔的视野选择生命中真正的热爱

"存在的目的就是在生命最广泛的体验中，提炼出智慧。"这句话来源于现代教育体系之父威廉·冯·洪堡，也是回顾我自踏入清华园以来的人生轨迹时最为贴切的总结。

■ 保持无限的好奇心，尊重所有的可能性

我至今还记得刚刚进入清华，在新雅书院做新生演讲时的那句话："清华园很大，但这个大不在物理意义上，而在于无限的可能性。"作为汽车系新生的我，在入学前报名了新雅书院，与不同专业、不同年级的同窗开启了我的大学生活，这种多元学科体系和价值观的碰撞，似乎在冥冥之中就奠定了我大学生活的基调：尽可能去体验未知。

对文艺和创业的热情贯穿了我大学生活的主线，在连续参加两年校歌赛后，我终于在 2017 年获得了校歌赛原创组的冠军，并在那次舞台上表演了后来让我们在更大的互联网世界崭露头角的《水木道》。

清华大学第 27 届校歌赛原创冠军颁奖典礼（2017 年）

《人民日报》转发我们的原创作品《水木道》（2017年）

这是一首真正意义上为清华创造的嘻哈作品，然而其诞生来源于一次偶然的表演：当时正值《中国有嘻哈》热播，在研究生开学典礼上我与前校歌赛冠军宿涵学长一起创作了一首《清华园先生》，取得了不错的反响。校研究会文艺部看到后找到我们，提到了"音乐梦想计划"，这个计划是帮助校内音乐人完成自己想要创作的音乐作品，当时就提出想要共同打造一首为清华制作的说唱歌曲MV。就这样，在刘晓光学长（现北京灵动音科技CEO）牵头下，我们用最快的速度加班加点制作歌曲、拍摄MV，挤出所有的课外时间投入在了这首歌上。MV由常为清华拍摄官方宣传片的刘西洋学长操刀，完美地展现了清华的校园风貌和新清华人的自信桀骜，这种嘻哈与学霸形象的强烈碰撞在互联网世界引起了热议，发布当天推送就突破10w＋，并荣幸获得了《人民日报》、紫光阁等多家官媒转发助力。

相比于理工科常用的演绎逻辑，即根据理论推导相应的结果，我似乎更热衷于艺术行业典型的归纳逻辑，即根据自己的体验去还原未知的结论，后者最大的吸引力在于不确定性。对于当时还在象牙塔中的我来说，这种麦哲伦式的探险家精神引领我选择了很多典型清华同学没有选择的路，我总想去试图抗衡以往的经验，去用多样的体验提炼出意想不到的结果，比如为清华创作一首嘻哈作品，以及后来去更大的说唱类综艺与全国选手同台竞争。

■ 跳出去

既然要讲述离开清华的110种方式,那我大三离开清华园生活的一年,则是这段历程里不可或缺的序曲。

乔布斯印度的修行和对禅宗的痴迷为他未来创业中做到艺术与科学的完美结合奠定了完美的思想基础,"Stay hungry,Stay foolish"直至今日依然是我的座右铭。受他的影响,我开始重视感性的力量,跳脱出固定的成长路径去跟随内心。

大三我选择了休学,一方面是留给自己一年的时间打磨作品,去结交更多艺术行业志同道合的朋友,一方面我也萌生了创业的想法,创办了个人的潮牌"SWANG"。

当时 SWANG 的一些设计师作品,设计师:YOOLA(2018)

现在回过头看,这次的初尝试并不成功,但给了我很多宝贵的经验,比如涉足服装快消领域的基石在于灵活的供应链管理能力,对库存、原料成本、制造工艺成本精准控制才能预留出利润空间;另外,潮牌领域我涉足尚早,在自身流量不能充分赋能的情况下,品牌背后的故事很难立足。这个过程中最要感谢的就是支持我折腾的合伙人、设计师伙伴、供应商伙伴和粉丝朋友们。

大三的下半学期,面对读研和直接进入音乐行业,内心也进行过一段时间的斗争,现在回过头来看,得益当时的选择,如果真正的志趣和自身所在的专业有所冲突，那就一定要选择热情所在，只有热情才是获得成就最大的驱动力。

当时的我还没有宏观的视角，更多地相信了自己的直觉，现在回过头复盘，除却疫情这个"黑天鹅"因素，文娱行业在中国有大量的人口作为市场规模的依托（商业模式本质是广告传媒业务），在移动互联网的加持下确实是绝对的增量市场。说唱对于传统音乐行业的高门槛来说更像是破坏性创新，完全符合Z世代从观众变身创作者的精神需求。后来不断增多的说唱类综艺和商务合作也证明了这一点。

■ 时代的趋势与黑天鹅的降临

正式决定进入说唱领域后起初的发展比我想象的更加顺利，当时我和福克斯、刘炫廷、海力、潘潘这四位新疆的伙伴组建了HorseKing厂牌（说唱文化里的综合团队别称），开启了第一轮全国巡演，这个过程中我作为厂牌主理人全程参与了购票平台合作、冠名招商、网络营销等线下演出筹备全流程，努力最终获得了回报，我们成为了秀动说唱类巡演2019年度票房冠军。当看到我们的预售票秒罄，全票种半小时全部售罄的情形，第一次体验到将热爱的事业与职业相结合的兴奋感，当看到Livehouse台下2 000人随着鼓点和律动一起双脚离地的瞬间，年轻、放肆、热血等一系列形容词定格在了2019年的秋天。

"五马平川"全国六城巡演天津站（2019）

后来一切的发展都如行云流水，我们登上了最大的说唱音乐节YOLO，与上万名观众一起享受音乐，登上了新的综艺《新生请指教》。在离开清华的110种方式里，我的方式可能不具有最大的普适性，但我想要为学弟学妹传达的是，在这个试错成本最低的年纪，用最广泛的体验去拓宽自己的认证，发掘自己的兴趣点，会避免未来因为被动选择的追悔。事实上，象牙塔的孩子最恐惧的就是自己安排未来的路径，我们都是在现有规则中满足规则玩法的好手，但未来的生活多数情况下都需要自己去选择未知的规则，提前的适应是有益无害的，但这并不意味为个性而个性，而是基于对自我的剖析和热情所在的充分分析。

YOLO 音乐节上海站（2019）

2020年年初开始，新冠肺炎疫情开始肆虐，事实上这对于极度依赖线下公众聚集演出场所的文娱行业确实是毁灭性的打击。高碑店的影视公司一个个人去楼空，宣布延期的音乐节后来也慢慢不了了之，我们已经提上日程准备官宣的2020年巡演也戛然而止。面对行业的危急时刻，我们与优酷合作推出了厂牌现场直播线上演出，更不遗余力地拍摄线上流媒体的音乐MV作品，同时开始着手创作新的短视频系列，至2020年年底则继续推出了我们的2020年全国五城巡演"三位一体"。

后来因为自己的兴趣，我又先后开了剧本杀店，同时与朋友合伙主办了大型音乐节，虽然在疫情肆虐的环境里举步维艰，但是在变局的实战里思考如何灵活地转换策略，也给我带来了难得的宝贵经验，未来我还瞄准了音乐版权领域，移动互联网时代的音乐宣推依托自媒体正蓬勃发展且不受线下疫情的影响。近段时间我也在为此不断地筹措资源和努力中。

HorseKing 厂牌三位一体巡演深圳站（2020）

离开学校的岁月里，相信与我同届毕业的同窗都或多或少不断经历着与疫情的周旋。人类总是偏向于用历史的经验判断未来，这是人性的顽疾，然而任何生活中的理所当然有可能处在巨变的前夜。"通其变，天下无弊法；执其方，天下无善教。"我恰认为近两年的危机是完美的风险意识课程，面对不确定的危机，我们是否有足够的储备，是否有对冲风险的方式，是否有多元的收入来源，这都是每个同仁要去思考的问题。比起温水煮青蛙式的假性繁荣，或许这种轰轰烈烈的时代变化才更能凸显和考验我们对于人生轨迹的把握。

"青年是整个社会力量中的一部分最积极最有生气的力量。他们最肯学习，最少保守思想。"我始终坚信青年就要去做青年做的事，而不是去考虑如何安享晚年，做一些特立独行的选择或许会有阵痛，但若没有体验过痛苦，或许便永远体会不到生的幸福。

写于 2022 年 6 月

多雷，清华大学车辆学院 2020 届本科毕业生，在校时创立北京雷街座文化有限公司。

地尼亚尔：放弃读研，
我回到新疆当起了"电力医生"

■ 兵团精神的熏陶

我叫地尼亚尔，出生于中国与哈萨克斯坦边境线上的县级城市——博乐市，这里是新疆生产建设兵团第五师所在地。第五师的前身是中国人民解放军一野一兵团六军十六师，这支部队曾参加过南昌起义、二万五千里长征、平型关战役、百团大战和延安大生产运动，是名副其实的英雄之师。

后来，为巩固边防、加快发展、减轻新疆当地政府和各族人民的经济负担，秉持建成下一个南泥湾的精神，十六师将主要力量投入生产建设之中，融入当地各族人民一起建设新疆。有趣的是，我和兵团有着密不可分的联系，上的幼儿园是第五师幼儿园，小学也是第五师小学，初中还是第五师中学，甚至高中（乌鲁木齐八一中学）也是由率部队解放新疆的王震将军建立的，我从小深受兵团精神的熏陶，把建设新疆作为自己的使命。

■ 国家能源的需要

高考结束后，我开始思考未来该从事什么行业，将个人的发展与国家的需要结合在一起。新疆是能源大省，传统能源储藏丰富，是西电东送工程的起点，塔里木盆地的轮南是西气东输工程的起点。新疆的太阳能、风能等新兴能源发展潜力大，例如，我的家乡——博乐市的阿拉山口是全国著名风口。小时候我在阿拉山口生活过一个月，第一次见识到能把树苗连根拔起的大风，八级大风在当地算小风，常有十二级大风，人不能出户，冬天时雪堆被风吹得比石头还硬，甚至在上面跳跃都不会出现凹陷。我认为，在新疆从事能源行业的发展潜力大，于是选择了能源大类中的电机系。

电机系的课程安排得很丰富，大一时同其他工科院系没太大差别，主要是数学课、物理课、程序设计课等，为后续课程打下基础。专业必修课从大一下学期开始，小至研究晶体管放大电流的特性，大至研究雷电如何形成，都十分有趣。选修课令我印象深刻的有两门，为学习远距离输电技术，我选修了"高压直流输电技术"；为了解配电网，我选修了"现代配电系统分析"。这两门课让我对实际电力系统的模型有了进一步认识。同时，我也认识到让电力系统安全、优质、经济、环保地运行是我们电机人的目标和使命。

在和田检查隔离开关（右）

■ 爱国主义的热情

大学4年中我影响最深的是参与国庆70周年专项活动，我和同中队的队员们一起训练了3个月，在训练间隙我们会拉歌，一起喝酸奶、吃冰沙，结识了许多小伙伴。队内不只有同学，还有老师，偶尔我会因为训练苦而不把动作做到位，但看到一旁的老师认真、到位地训练，我又会打起精神，再多坚持一会儿。

为了避开车流，凌晨我们才在长安街演练，训练艰苦且演练时间相隔较长，许多同学包括我都在长安街街头睡过，但不管何时睁开眼睛，一旁的军人总是以军姿威武地站着，这种纪律性让我深感佩服，有人在身边守护也让我更安心地继续倒头睡。等到 9 月 30 日，没有人再继续睡了，大家都很兴奋，因为原先彩排时盖上布的武器装备全都亮相，让人震撼，街道同学们都热烈地讨论眼前的庞然大物。

等我们走上长安街，两边是满脸笑容、拼命挥手的人群，我们也挥手致意，大家更加卖力地喊着口号到达表演地点，整齐划一地做动作，圆满完成了方阵表演。跑步离开，坐上地铁，回到清华园，乐队在校门口演奏，志愿者们在校门两侧欢迎大家归校。到了食堂，食堂师傅们热情欢迎，已经准备好一桌饭菜，享用完早餐，回到宿舍倒头就睡着了。这次专项活动让我的爱国主义感情得到一次彻底地释放，对清华、国家的自豪感和认同感进一步加深。我祝愿在党的领导下祖国更加繁荣昌盛。

■ 授课教师以身作则

大一时，我曾选修"能源科学研究中的失败案例讨论"，这是一门 16 周 1 学分的新生研讨课，授课老师是姚强老师。我印象最深的是，姚强老师说清华大学的一位退休老教授每周工作 80 个小时以上，而同学们每周学习多久呢？这句话让我对"自强不息"的精神有了初步的认识。2019 年，姚强老师参与援疆，现任新疆大学校长。

大三时，我有一门 3 学分的必修课"高电压工程"，后 8 周由周远翔老师线上授课，2017 年，周远翔老师参与援疆 3 年，开始担任新疆大学电气工程学院院长，并荣获 2019 年最美支边人物。

两位授课老师以身作则，支援边疆，行胜于言，让我备受激励和感染，作为新疆本地人，大三时我决定，本科毕业后如果不继续深造，就回到新疆工作。

在校 4 年，我学习了许多基础理论知识，做过基本的电路实验，假期实践参观过电力行业相关企业，但未接触过实际的工程项目，对电力行业的实际情况了解甚少。电气工程是工科，要和社会、国家和行业的需求紧密结合，否则就等于闭门造车。我想去工程现场锻炼自我，而电力科学研究院能为我提供平台。它是新疆电力系统的技术监督、服务、开发和信息中心，以服务现场、服务基层为使命，保证了新疆电网的安全经济运行，工作人员有大量的出差机会。于是我放弃通过少数民族骨干计划深造的机会，于去年 12 月参加国网统一招聘考试，成功签约了电力科学研究院。

在巴州变电站操作红外检测仪（左）

小时候我二叔常说我的性格适合当医生，现在，我成了一名电力医生。离开学校先进的科研环境和充裕的各类资源，接手实际的工程项目，难免有落差。我要谦虚地向有经验的工程师学习，认真对待每个环节，把"自强不息，厚德载物"的校训落实到以后的工作和生活中，心怀梦想，就此启航，为家乡电力事业的建设贡献一份自己的力量。

写于 2021 年 10 月

地尼亚尔，清华大学电机系 2021 届本科毕业生。毕业后就职于国网新疆电力科学研究院，从事开关类设备带电检测工作。

黄梓新：有的人生在罗马，但条条大路通罗马

学校来信："请已毕业的同学的第一人称讲述自己求职和就业的选择，所以希望你能抽空写点文字。"得知自己有机会进行分享，正在工地上的我扶了下自己的安全帽，4月的广州已经如同北京的盛夏，汗水快流入眼睛，我有点兴奋，又或许只是汗水有说不出的味道，我找不到词描述，写什么我真的觉得无从落笔。倒是"毕业"两字使我心里闪烁一下，离开清华园的200多天里，我终于能向过去的4年倾诉一点什么了。

■ 在挣扎和放逐中与自我和解

我很高兴拥有一段在清华求学的经历，在这里我深刻见识到了清华广纳百川的包容。各种各样优秀的人在这里会集，在各自的领域闪闪发光、熠熠生辉。他们掀开了世界恢宏博大的一角，展现在我的眼前，让我感受到人生舞台的多样性和无限可能性。但这里也不缺少普通的孩子，比如我，相较于优秀的同学们，我更像一滴水，无声地融入了清华的园子里，并不引人注目。

我的故事缺少一些跌宕起伏，主要是关于一个普通人的成长。我是通过激烈的高考竞争来到这里的，相较于之前十几年的分秒必争、埋头苦读，这里的生活更加灵活自主。当最初进入大学的兴奋和新鲜感消散之后，我更多感受到的是无措和茫然。我按部就班地上课，赶DDL，完成课程测验和期末考核。"自主学习＋最终考核"模式的前半部分弹性很大，这是一个发现自己"并没有什么特别"的过程，对比其他同学的游刃有余，自我怀疑的情绪时常出现，最初我会挑灯夜战挣扎，但也会沉溺于每学期前几个月的风平浪静。然而清华的学生没有中间的阶层，只有不懈向上的前一部分，与咸鱼躺平的后一部分。随遇而安的性格让我面对挫败不至于太消极，同时又助长了我的惰性。从大一到大四，"认真"上课变成了"按时"上课，"做好"任务变成了"完成"任务。

■ 整个过程有点沮丧，又无可辩解

大四得知自己没有保研的机会时，我稍稍愣了一下，但接受这个结果并没有花费太多时间。付出与收获成正比，结果不会陪你演戏。

接下来，或主动或被动地，我站在了选择的交叉路口，就业还是考研。当时正值秋招季，综合考虑了很多，最终我发现自己更喜欢将所学应用到实践中，于是加入了求职大军。

■ 不畏浮云遮望眼

选择加入中建三局是我多方考虑的结果。起初在阅读火神山、雷神山医院建设的相关新闻，自豪惊叹"中国速度"的时候，两座医院的建设团队隶属的中建三局给我留下了深刻印象。注意到该公司有在学校举办线下双选会，我投递了简历，在经历面试后获得了就业机会。

如果有人在我就业之前问我，在清华上学给我带来了什么。我会诚恳地告诉他我的渺小和普通，因为在这个园子里，我真的见识到了太多太多优秀的人。我一度认为4年的清华生活给我虽然带来了丰富多彩的经历，但仔细回想，这些经历又仿佛只是经历罢了，纵剖下来，我做的事情实在太过单薄。

■ 开局一张图

这样的焦虑与不自信延续到了我初入职的生活中。初入公司的时候，也正好是项目的前期准备阶段，要做的工作不少，要学的东西很多，我不清楚流程，不了解要求。怀着忐忑和懵懂，我在师父和领导的指导下，一步一步完成我的任务。不了解情况，就在每次开会时做会议纪要，倒逼自己去理解；分配了任务，就在领导审核后一轮又一轮地修改完善；有疑问就马上开口请教。我分到的项目是一个EPC项目，从设计方案到现场施工、从钢筋模板混凝土到幕墙园林精装修都需要统筹管理。

岗前培训刚刚过去，我的师父就递给我一本厚厚的Revit操作手册，"学习一下，把项目图纸拿来练，试试能不能建个简单的模型"。我看着密密麻麻的操作说明，决定先在B站上看看入门视频打个基础。我饶有兴致地一边

看视频一边实操，过了两天，领导突然问我的进度。我干得确实很起劲，但是时间未免有点太急了。我打了一股不知道哪里冒起来的鸡血，在错过了几回午饭之后，跑去汇报我的结构模型总算做出地下室部分了。我的模型封顶没多久，就收到了设计院提供的整套模型，建筑结构机电一应俱全，幕墙也是按设计实际建出来的。师父安慰我说，你在建模型的过程中为项目发现了不少图纸问题，当是审图了。其实我自己倒是真的乐在其中，拿来专业的模型对比许久，对自己短时间内赶出来的这么个成果反而更满意了。

一轮又一轮地做设计汇报，一版又一版地查看各专业的图纸，坐久了就抄起安全帽去工地转一圈，看看钢筋绑扎、钢结构吊装、预埋安装。各种各样的工作将我的生活填满，日子像水一样流过。到了半年述职做 PPT，我回望自己近半年做的工作，思考个人收获的时候，才发现自己已经走了很远了，我发现我了解了从前没有接触过的专业知识，点亮了一颗小有枝叶的技能树，而给我带来更多成就感的是，我们的项目逐渐从 PPT 变成了图纸，在荒地扎下了桩基，到现在已经初具雏形。我意识到，这半年来的每一步，我都是踏踏实实走过的。

我也逐渐意识到，过去我在清华度过的每分每秒，都是我成长的养分。曾经忙碌的学习生活让我在如今多线程处理任务时，能够做到忙而不乱；过去养成的学习习惯让我现在学习新技能时可以快速上手。一年时间，我从一名职业小白，成为一名能够独立完成很多事情的合格的员工，顺利地告别了我的学生时代。

我会永远想念新水（新水利馆）的晚铃、荷塘的月色，会记得紫荆书咖的通宵、足球队的训练时光。至于过去积累的那些焦躁和不安，我也有了足够的时间和勇气去面对、消化。我想我的未来要像钢筋混凝土一样，敦厚持重，起于基岩、伸向天空。

写于 2022 年 5 月

黄梓新，清华大学水利系 2021 届本科毕业生。毕业后到中建三局集团工作。

李俊霖：我的大学没有寒暑假

■ 从中学体育生到大学生运动员

我是一名普通的体育特长生。和很多体育生一样，那时我的想法只是凭借体育特长上一个好大学，之后能顺利毕业找个好工作就行了。至于注册省队、参加专业比赛甚至在国际大赛中为国争光这些专业竞技体育的内容，我毫无了解，更从不奢望。

功夫不负有心人，2016年7月，我以高水平运动员的身份考上了清华大学经管学院，从此作为清华体育代表队的一名学生运动员，开始了每天上午上课，下午进行运动训练的生活。

参加首都高等学校第52届学生田径运动会

体育部曹振水老师给我们制订了十分专业和系统的训练计划，中学时期的训练量和这里比简直天差地别。起初我在队伍里甚至跟不上女生的训练强度，但每次训练我内心都告诉自己：再多跟一圈、再多跟100米。就这样一步一个脚印地不断提升，一年后我才逐渐适应队伍里男生的训练强度。记得大一大二时雾霾还很严重，我们经常顶着爆表的空气质量指数坚持训练，有时在东操，几十米开外的游泳馆都已经看不清了，但我们奔跑的脚步从来没有停止。炎炎夏日，每跑一个段落的间歇，我们需要往身上泼水来避免中暑；凛冽冬日，我们经常迎着刺骨寒风从天亮练到天黑。就这样，练到腿部肌肉酸痛难忍，练到头晕目眩站立不稳，哪怕真的顶不住时，也告诉自己还是要坚持。慢慢地，我也了解了全国专业级别的比赛，熟知了清华中长跑队的历史与传统。我以队中李翔宇、李光明、滕海宁等优秀的中跑运动员前辈为榜样，在他们过往成绩的激励下努力前行。

■ 一年时间，从全国赛走向亚运会

2018年，我注册在山西省队下，开始了参加全国专业比赛的征程，也开始了从清华园的一次次离开与回归。初出茅庐的我明白专业比赛和大学生业余比赛是完全不同的概念，踏上赛场都是各个省的精英运动员，我需要积极调动自己，既要合理完成技战术，还要完美发挥自身状态才可以在全国比赛中拿到理想名次。2018年4月，第一场全国田径大奖赛在广东肇庆举行，800米比赛中，我队师哥游俊杰在比赛中牺牲自己为我创造了极其有利的条件，帮助我夺得了第一个全国冠军，并且第一次达到了国家级运动健将的标准。首战告捷，之后一年内，全国大小赛事的800米比赛中，我一直保持领先地位，获得了该项目的年度大满贯。

凭借一个赛季的出色表现，我荣幸地入选第十八届亚运会中国体育代表团，第一次走出国门为国征战。这一次离开清华，我的心境颇为不一样，既有想创造好成绩为国争光的激动，也有怕自己发挥不好辜负期待的忐忑。但无论如何，我都十分珍惜祖国给我的这次参赛机会，在心里暗暗告诉自己一定要全力以赴。男子800米的比赛由于人数减少而取消了半决赛，由三枪改为两枪，只有在第一枪拼尽全力才可能获得本届亚运会决赛的入场券。看到秩序册中各国参赛运动员的最好成绩都要比我的最好成绩高出好几秒，我内心非常忐忑。要知道在800米顶尖选手的比赛中，这几秒是将近20米的差距，很难逾越。但教练告诉我，不要多想，跑好自己的节奏就可以了，争取在高水平运动员的带领下创造最好成绩。最终我在预赛中获得了总排名第九，与第八名仅0.1秒之差，无缘决赛。这个结果让我欣喜又惆怅，欣喜的是我将个人最好成绩提升了1秒多，惆怅的是我是本届亚运会中国男子800米唯一的参赛队员，却没能将中国红带进决赛赛场。但这次经历也让我看到了中国运动员在该项目上与国际水平的差距，这更加激发了我努力前行、不断突破的斗志。

参加比赛现场

■ 我的大学没有寒暑假

2019年，我在首场比赛——全国室内田径锦标赛分区赛（4）中打破了保持16年之久的全国室内800米纪录。随后在这一年中我代表国家参加了很多国际赛事，例如，亚锦赛、中日韩对抗赛、国际田联世界挑战赛、世界大学生运动会等，并一次次突破个人最好成绩，获得过亚锦赛第五名，闯入了世界大学生运动会决赛。

往往一个忙碌的赛季结束之后，我们会迎来短暂的调整期，随后马上恢复训练，准备迎接下一阶段的冬训。因此秋季学期我有更多时间待在校园里，每天上午上课下午训练，体验规律又充实的校园生活。而这一年，由于参加国内外赛事频率极高，我的校园生活时光寥寥无几。每当离开清华时，我的内心都充满强烈的使命感和责任感，希望能更好地实现业余赶超专业的目标，诠释"无体育不清华"的精神。每当比赛结束回到园子里，我的内心会感到一阵熟悉而又久违的安宁和欣喜，因为这里就是我的家，是我长途跋涉、久战沙场后再次厉兵秣马的大本营。

我的大学生活也没有寒暑假，每年暑假我们都要到内蒙古集训，寒假又要赴云南集训，迄今我已经在异乡度过了七个春节。当其他同学放假拖着行李箱离校回家时，我却要拖着行李箱去高原训练；当其他同学在外旅游度假时，我在海拔1 800米的高原跑强度课；当其他同学在朋友圈展示自己丰富多彩的生活时，我只能在400米操场一圈又一圈地完成训练任务。在年复一年的枯燥训练中，我靠着对不断超越自我的渴望坚持了下去。我的父母也从没有因为我很少回家而抱怨什么，他们给我的全是支持和鼓励，不管这条道路再苦再累，他们都告诉我一切是值得的，做最好的自己。然而整个2020年，因为疫情的影响，只有一场全国锦标赛，参加国际比赛更是不可能，我失去了在自己职业生涯黄金时段进一步提升自己最好成绩的机会。我整年的状态都很低迷，连这唯一一场比赛我都以0.04秒的差距惜败只取得了亚军。这是我出道以后第一次在国内重点赛事中错失冠军，竞技体育是残酷的，关注度不高的中长跑项目更是如此，失利的滋味让我略感苦涩。但这次比赛也让我看清了自己薄弱的方面，针对短板加强了训练。

拿着国旗挥舞

■ 本科毕业，我拿到了全运会冠军

2021年，国内疫情得到控制，相关体育赛事陆续开展，在一些小型赛事中我开始不断找回在800米项目中绝对领先的优势。5月份，在清华主场举行的第59届首都高校运动会中我夺得800米、1 500米两枚金牌，并且以1分48秒23的成绩大幅刷新首都高校运动会赛事纪录，这一成绩已经接近我个人的最好成绩，我的信心和热情大幅回升。随后一段时间，我全力备战全运会预选赛，同时还准备本科毕业论文和答辩，一时间压力倍增。

4年一届的全运会是国内所有体育人梦寐以求的舞台，而6月份的全运会预选赛，也是众多参赛选手博得全运会入场券的唯一机会，所以大家都会全力以赴。我的本科毕业季，也因此变得忙碌而单纯。毕业答辩一结束，我便赴重庆参加全运会预选赛，但因为之前毕业论文的压力，我的专项训练不够系统，比赛状态有所下滑，最终十分惊险地擦边入围了全运会。

有得就有失，在全力备战全运会的比赛和训练中，我也悄无声息地告别了自己的本科生涯：不仅失去了和学校老师同学一起拍照的机会，连本科毕业典礼都未能参加。当我的同学们选择参加工作入职或研究生开学典礼来开启人生新阶段时，于我而言，在本科毕业的终点和研究生生涯的起点之间，那场最盛大的仪式，是备受瞩目的第十四届全运会。从2018年我成为专业运动员并夺得全国冠军开始，全运会就成了我的梦想。为了这个梦想，4年里我一直在不断地重复一件事——不停奔跑，4年的时光就在日复一日的自律、年复一年的刻苦中不知不觉走过。

然而预赛中，我仅以小组第三名危险晋级决赛，这一表现让我自己和教练都很失望。决赛前夕，教练对我进行了充分的心理开导和激励，告诉我我的训练没有任何问题，只要找到曾经在比赛中所向披靡的感觉，我就一定能笑到最后。800米是我们清华中长跑队的传统项目，过去在教练的带领下，我队师哥李翔宇连续夺得两届全运会800米金牌，滕海宁曾打破全国800米纪录。这些清华过往的辉煌都让我告诉自己：我不能输，我要继续延续队伍的光辉。站在全运会的800米决赛场地，我信心十足、斗志昂扬，势必要拿下这一仗。鸣枪之后我直接冲在11名参赛选手的最前面，这是我很少采用的战术，而对于此次比赛，教练也是对我的战术进行了调整，果不其然教练的想法起到了很重要的作用，剩余300米时有对手率先发力，我紧随其后脱离大部队，到最后进入直道的100米，我咬紧牙关奋力冲刺，内心和肢体高度紧张，不敢有一丝松懈，率先"跃"过终点。全运会夺冠的场景多次在我的脑海中模拟，多年的努力终于将这个画面变为现实，此时此刻我的压力终于释放，我告诉自己我做到了！这是清华学生夺得的全运会800米三连冠。我也再一次证明了近20年来我们队伍一直保持着国内800米的最高水平。

第十四届全运会现场

再次回到清华，我已是一名体育学硕士，继续为了更高的目标而努力。同时我也积极投身于群众体育当中，担任了多个院系的"马杯"教练，向同学们传递专业的体育知识和技能，带领大家更高效地接触和认识体育。

作为一名运动员，在比赛场中表现和展示自己，不断提高竞技水平是我们最大的渴望。今年奥密克戎这波疫情再一次让2022年国内、国际的比赛全部暂停延期。现在没有任何参赛机会，未来是否有比赛始终是一个未知数，只能每天进行枯燥无味的训练，这种情况下真的很需要强大的意志力支撑。运动员的运动生涯其实很短暂，尤其是在校的学生运动员，并且巅峰期就是这几年，现在已经被疫情占去了一大半，内心始终有些缺憾和不甘。

写完这篇稿子的当天，我们最终也收到了亚运会和大运会延期的消息，但我已经想好：即使前方的道路充满未知，我也要在当下做好准备。待到云开疫散之时，希望我还有机会披上国服取得耀眼成绩！

写于2022年4月

李俊霖，清华大学经管学院2021届本科毕业生，现于清华大学攻读硕士研究生，2018年获国家级"运动健将"称号，第十四届全运会男子800米冠军。

卓玛：做青藏高原上的一束烛光

■ 起于周末支教

突然有个机会让我回忆总结大学生活与支教经历，不知如何下笔，当万千思绪涌上心头时，只化为两个词——"感恩"与"坚持"！

在石家庄一所乡镇小学周末支教

作为从高原走出来的我，面对大城市时的好奇与不适已经在入学一年后得到稀释。各种校园活动与社工重塑了我在学习方面被打击得体无完肤的自信，我收获了服务同学的成就感，也锻炼了组织沟通、公文写作等能力，并逐渐成长为一位可以在社工方面独当一面的辅导员。

在学习与社工之余，我出于想要结识新朋友并且出校散散心的想法，于大二学期中报名了一次周末支教活动，没想到那次支教经历会改变我的大学时光乃至影响我的就业选择。

在前往河南安阳滑县支教的火车上，我不仅结识了很多志同道合热爱支教公益事业的同学，还听他们说起支教做公益的经历，让我明白原来除了捐钱捐物以外，还有很多途径做公益活动可以回报社会。后来为期两天在滑县的一所小学支教，虽然我只为四个班上了四节历史课，但是一群对清华的大姐姐大哥哥异常好奇的小朋友，对我天然的崇拜与毫无顾忌的信任让我发现原来自己对于某些人来说是那么的重要，所以我觉得不能辜负这一双双可爱无邪的大眼睛们流露出的对自己的珍视。

在返校的火车上，带着同来时完全不同的心态思考着我终于找到一个可以在校期间实现一点点价值的事情了——支教。

■ 坚持的感恩之心

自此，我始终怀着感恩的心去坚持做支教这件事，虽然可能微不足道，但是对于我来说是意义重大的。

从小生活在西藏，自上小学起，在西藏特殊教育政策"三包"即包学、包吃、包住的受惠下顺利如期上学，不至于成为"大龄小学生"。另外，高中时期，由于学习成绩优异且家庭情况不太好，所以受到学校多方面的照顾，每月的伙食费补贴与"三包"费的按时发放让我能安心学习，高三的课外辅导让我不用像其他同学一样支付高昂的家教费，地理老师将她分到的牛奶福利拿给我，让我在高强度学习下注意身体。这种种对我的帮助一直深埋在我的心中，我一直想找机会可以将这份助人之心传递下去。

自此，我开始经常在周末参加支教，前往残障学校陪孩子们学习，并逐渐喜欢上了支教这一项目，也喜欢上了与孩子们相处的时光。所以当得知园子里有支教团这一团体存在时，就很是心动。

因此，在大四推研时期，我就毅然决然地申请加入了第二十届研究生支教团，并为了能回到西藏支教，在加入支教团后努力参加各项培训课程以获得可以回到西藏支教的机会，最后也如愿加入西藏分队在毕业后前往西藏职业技术学院支教。

起初家里人根本不同意我继续读研，更何况拿一年的时间去支教，在家乡同龄的女生早已结婚生子，甚至都已生了好几个孩子了。我父母觉得作为女孩子能有机会来首都北京读大学就已经很好了，大可在本科毕业后回西藏考公务员稳定下来结婚生子。所以当我表明坚持支教的想法是由于想要感恩多年来党和政府以及亲朋师长对我的帮助后，父母表示理解并赞同我用一年的时间去支教的想法，之后我就顺利踏上了为期一年的支教之路。

在去支教之前，我所在的支教团开展了为期一年的各项教学与行政工作技能培训，但真正站上讲台，面对一群跟自己年龄差不多甚至比我大的学生时，还是比较忐忑。不同的教师都有不同的教学方法以及与学生相处的状态，有人会比较严厉，有人会比较和蔼，而我则经常被学生们称为"温柔的卓玛老师"。或许正是由于我课上严肃认真、课下温和待人，经常与学生们打成一片，一起在学生宿舍谈天说地，一起在操场跳锅庄舞，才让我有了这一称号，并且支教一年后我的锅庄舞技也突飞猛进。

■ 唤醒学生的思考

但是任何一项工作都不会一帆风顺，不时会遇到难以解决的难题。我所任教的是西藏职业技术学院（以下简称藏职院）建筑工程学院（以下简称建工学院）建筑工程技术3班和建筑工程技术4班（以下简称3班和4班），两班的学生都曾让我不省心。

4班的学生在我看来上课认真，整体学习氛围比较好，但是一次大学语文课上，4班的同学竟然"罢课"了，这让一进教室看到空荡荡的课堂的我很是不解与困惑，平时我并没有做过和说过伤害学生的事与话啊！过了大约20分钟，4班的学生陆陆续续进入教室，我也并没有多问什么，当人到齐后，正常上课，对此次"罢课事件"不置一词。

事后我才了解到是由于大一下学期专业分流的事，他们作为一个团结集体不想分开，哪怕分到能够实现较好就业，毕业后可分配至国企的"测绘专业班"也不愿意。这让我觉得他们既可爱也可悲，可爱的是他们将友谊置于一切之上，可悲的是他们眼界的狭窄，只居于眼前而忽视未来的人生。

我无法对他们的"罢课"做出评价，所以我在大学语文课上安排了一场关于"是现在重要还是未来重要"的辩论赛，是现在的友情团结重要还是未来的事业人生重要。我不知道赛后学生们是否反思过"罢课事件"，是否反思过他们的选择对他们的人生有怎样的影响。我只希望通过这种形式让他们能够去思考，能够唤醒一点点他们对未来人生的思考。

与4班表面乖顺认真学习实则内里强硬具有些微反抗精神不同，3班则是表面顽皮实则温暖。短短一年教学生涯的"滑铁卢"就是来自3班的几个"顽皮分子"。他们课上玩手机睡觉课下活蹦乱跳，让我实实在在地反思了一番我的教学课堂难道很是无聊枯燥？在我通过学生宿舍走访中总结出"卓玛老师的课很是有趣，不枯燥乏味"的结论后，我改变了策略，经常课上点名那几位"顽皮分子"回答问题，不给他们任何打瞌睡的机会，并且课下找他们谈心，找出症结所在，并一一解开，最后实现课堂气氛轻松中不乏严肃，认真中不缺活气。

西藏支教经历被央视《新闻联播》报道（左一）

在嬉笑怒骂的支教生活中，也时常能够接收到来自学生和同事的温暖与感动，这也是让我能坚持完成教学与行政工作的动力之一。

我指导过建工学院的辩论队，带领辩论队的4名学生队员参加了藏职院的辩论大赛并最终取得冠军队伍的好成绩，虽然是临危受命半路指导辩论队，作为同样是辩论小白的我，带着队员每晚研究辩论技巧、讨论辩论议题、制定辩论路径，不管讨论到多晚，我也会请队员吃夜宵后送他们回到宿舍。

辩论队中有位平时腼腆内敛的回族同学小艺，但是一旦辩论起来就口若悬河、滔滔不绝、逻辑缜密。刚开始小艺由于性格内向不爱说话和发表意见，我就时常引导他说出他的想法，也出于习惯在吃夜宵等饭桌上给他夹菜等，没想到小艺将我对他们点点滴滴的好记在心中。直到比赛结束好几个月后的一天，小艺来到我的办公室，将手上的一瓶眼药水放在我的办公桌上，喃喃地说道："我看卓玛老师您经常用电脑、看教材备课，眼睛肯定很疲劳，这款眼药水很好用送给老师您，您要注意身体，不要经常熬夜，我看您办公室的灯经常亮到晚上九十点。"这一句句来自学生的关心和爱护让我深受感动，也让我有了想要毕业后立马回到西藏工作的想法。

指导参加辩论赛学生（左二）

  与同事的友好相处，更加让我认识到原来建设家乡的是这么一帮善良可爱的人。我刚到建工学院，建工学院的老师们就对我表现出极大的热情，带我熟悉环境、一起去食堂吃饭，将校情与学情告知我方便我备课教学。

  其中白姆老师与我发展出一段珍贵的友谊；德央老师经常请我去他家里吃饭，看到我由于晚睡备课而晚起没吃早饭就来上班后，特地买来藏面让我赶快吃完上班；由于我作为志愿者就是一枚钉子，哪里需要哪里钉，所以我经常帮助其他科室完成一些工作，比如，协助"就创办"举办大型校园招聘会等，正是由于我的"钉子精神"，"就创办"的谢老师为表达感谢之情也会时常邀请我去他家里吃饭。这让我深深感受到家乡人民的温暖与热情。

  想要回馈社会的心由支教这一途径得到实现并持续坚持去做，当怀着感恩的心开展一年长期西藏支教后，学生眼界的狭窄以及他们的对我的感恩关心、同事的热情温暖、家乡建设的大有可为让我慢慢放弃了先在内地工作几年后再回藏的想法，让我慢慢激起赶快毕业回到家乡、服务人民的想法。在回到学校学习的两年时间里，我一直在思考支教一年的经历与感受，最终我决定硕士毕业后回到西藏工作，这或许不是最好的选择，却是我最应该的选择。

西藏支教结束后学生欢送（第三排中间）

■ 建设西藏的理想

西藏是我出生长大的地方，它的淳朴、自然、神圣是人们向往的，而它的贫穷、落后、狭隘是我幼时的深刻体会。在国家、政府和学校的帮助下，我通过自己的努力走出大山、走出高原来到首都北京求学深造，这是西藏绝大多数学生无法想象的。因此这也是我坚持想要在本科毕业回去支教的原因之一，想要用一年不长的时间以支教志愿者的身份来回报家乡、回馈社会，同时也是这不长的一年支教经历让我原先想先在内地工作几年后再回藏发展的念头消除殆尽，并且也下了建设家乡、建设西藏的决心。

因为这一年的支教过程中我深刻感受到西藏青少年的眼界是多么的狭窄，教育相对于内地是多么的落后。我所任教的班级有个年龄比我大的男生，这位男生无法完成我布置的"制作PPT在课堂上展示"的作业，因为他没见过电脑，更不会用电脑，这让我很是感慨。我便利用课余时间，用我的笔记本电脑一步步教他怎么开机关机，怎么打字，怎么做PPT，直到他自己独立制作出一份PPT。

或许一支微弱的蜡烛只能照亮一点点空间，但是千千万万支蜡烛或许就能照亮整个西藏，所以我愿意用我的绵薄之力来建设西藏，虽然不足为道，但千千万万像我一样的人一起前赴后继地建设西藏，我相信家乡西藏会变得更好。它不仅有着淳朴民风、自然风光、神圣宗教让人心向往之，也让我们的后代人觉得西藏是富强的、是先进的、是宽广的。

我将在6月份毕业后回到西藏工作,我希望能结合我所学的专业知识为西藏的建设规划出一份力,同时也希望能有能力帮助服务更多的家乡人民,就像曾经毕业回到西藏基层工作的仁增顿珠师弟说的那样,"走出青藏高原,是为了更好地回去"。我也希望我能用我所学到的知识为建设家乡、服务人民贡献一分力量。

写于2021年10月

卓玛,清华大学公共管理学院2021届硕士毕业生。毕业后选择赴西藏基层工作。

曹绪尧：做创业道路上的长期主义者

■ **书山有路，惟志惟勤**

研究生入学前，我就职于百度公司，担任高级客户经理。也是在百度，我了解到了管理咨询行业，并决心把管理咨询作为自己的新的奋斗目标。我清楚地意识到，管理咨询行业是为企业提供增效降本的解决方案，在互联网时代的商业竞争中具有非常大的价值。但是，管理咨询行业学历门槛很高，国内目标院校基本定位在清北复交。从懵懂的企业管理者到专业的管理咨询分析师，这是一次似近实远的职业转型。如何快速实现这一跨越呢？我毅然辞职考研。

长期的管理岗位历练，让我一直保持了高度的自律性和极强的执行力。经过49天的紧张备考，我以全国专业课第一名的成绩跨专业考取了清华大学的研究生。入学之初，我担任了清华职协咨询俱乐部副主席，并相继获得芬兰驻华大使馆、麦肯锡咨询公司、美国通用电气公司的实习机会。这些经历为我之后的学习和创业积淀下了许多宝贵经验。

■ **不忘初心，砥砺奋进**

在芬兰驻华大使馆实习期间，我以助理商务官员身份深度参与大使馆筹备2019年中芬冬季运动年和2022年冬奥会，并负责冬季体育产业行业研究，在完成芬兰总统、教育与文化部部长和商务贸易促进局局长接待的同时，帮助协调了芬方政府和商务代表团与中方政府和企业达成深度合作。

在麦肯锡公司实习期间，我主要参与的工作包括：负责协助麦肯锡资深顾问帮助3家世界500强企业完成精益转型和数字化战略；协助与博世、达索、西门子、微软合作完成模拟数字化工厂建设；参与搭建麦肯锡工业数字化培训体系；负责进行行业调研、数字化营销等市场工作；负责供应链管理和物流规划数字化绩效管理系统用户界面设计工作。

一年多的实习,让我接触到了管理咨询中解决复杂问题的系统方法和结构化思维模式。但更幸运的是,在麦肯锡公司实习期间,我遇到了志同道合的创业伙伴,他们来自清华、斯坦福、麦肯锡、高盛等知名组织,面对物联网行业的广阔市场前景,我勇敢地走上了创业之路。2018年12月14日,我与合伙人一起创立了阿尔法智联(北京)科技有限公司。

■ 跬步千里,厚积薄发

我在公司中主要负责市场营销战略制定和营销策略实施、项目融资和对外关系、企业品牌建设和人力资源管理等工作。公司成立之初,凭借创业团队的优异表现,我向清华大学争取到了无偿不占股权的种子基金支持,并通过路演评选进一步获得了启迪之星股权投资。

2020年6月8日,阿尔法智联落地浙江省嵊州市,总投资为3亿元,满产后年产值为6亿元。目前,公司已完成多轮战略融资,并与清华大学、启迪之星、中船重工、TCL照明、中国信通院、和利时公司、长城科技集团、中国电信、德国Vosla、美国Bambu公司等建立了紧密的合作关系。公司成立两年多以来,在学校的支持下,先后获得20多项荣誉与奖励,得到了社会广泛认可。

在清华大学创业大赛总决赛路演现场

■ 迎难而上，勇往直前

当然，我们在创业的道路上并不是一直一帆风顺的，时刻充满着艰难险阻。每次失意的时候，回到清华园总能重新给我力量让我继续勇往直前。我印象最深的一件事情是在疫情期间，公司一直没有融到资，但是每天都有人员工资、房租、研发投入的支出，资金链断裂了5个月时间。在这个时间节点上，我也面临着就业和创业的艰难抉择。

最失意的时候来到学校1911荷塘月色咖啡厅，点了一杯拿铁坐下，有些不知所措，随手从书架上拿了一本书，我还没有打开，只看到书的名字似乎就释怀了，那是季羡林老先生的《不完满才是人生》，里面有一部分讲述了他将近90岁的时候对人生很多问题的思考，其中关于人为什么存在的价值，季老说"单独看每一个人其实价值是微乎其微的，但放在历史长河中又是那么不可或缺，如果人生真有意义与价值的话，其意义与价值就在于对人类发展的承上启下、承前启后的责任感"，后来没有看完我想继续借阅，咖啡厅的小哥将这本书送给了我。拿着这本书走出校园的那一刻，我似乎获得了某种力量。后来我从成长性、价值性、反馈性、持续性四个维度综合评估，毅然决然还是选择了继续创业。

在清华1911咖啡厅留影

■ 创新务实，追求卓越

我相信，新一轮科技革命已经到来，传统制造企业创新将不再局限于常规路径的业内技术进步。而是要融合物联网、人工智能、大数据等新一代信息技术，推动传统制造设备智能化、生产自动化、管理信息化，逐步打破传统创新专业壁垒和路径依赖，最终形成数字科技驱动的新型创新范式。

而我作为"大众创业、万众创新"的校园创业代表，将继续肩负科技创新赋能传统制造业的使命，发扬清华人"自强不息，厚德载物"的精神内涵，牢记"社会情怀、科学精神"的院训，秉承"创新务实、追求卓越"的经营理念，帮助传统的制造业节能减排、增效降本，同时借助德国、日本等制造业强国的发展经验，不断缩小与发达国家制造业之间的差距，持续为祖国发展贡献创新力量。

入选 2020 福布斯中国 30 岁以下精英榜

写于 2021 年 12 月

曹绪尧，清华大学社科学院 2021 届硕士毕业生。在读期间创立阿尔法智联（北京）科技有限公司，先后入选 APEC 未来之声创变者、2020 胡润 Under30s 创业领袖、2020 福布斯中国 30 岁以下精英榜、中国财经峰会 2021 年最佳青年榜样。

韩宗杭：从"梦之网"到"冬奥梦"，电力一线的梦想与坚守

■ 缘起：点亮梦想之网　高原绽放希望

6年前，我还是山东大学的一名大二学生，身为一个懵懂无知的少年，心中尽管充满了理想与抱负，却也总会对未来感到一丝迷茫。一次偶然的机遇，我接触到了由清华大学电机系组织的"梦之网"公益实践活动，这让我感到心潮澎湃。

当时，中国电力行业飞速发展，但仍有一些地区因为地处偏远，无法接入国家大电网，得不到稳定充足的电力供应。而"独立微电网"技术的日渐成熟与大范围应用，为这些缺电少电的地区带来了希望。"梦之网"公益实践活动持续不断地号召同学们奔赴边远山区，用所学知识结合新能源与微电网技术进行实践，致力于帮助供电不稳定地区的孩子们解决学习生活用电问题。

"梦之网"仿佛在呼唤着电力人的专业责任感，怀着青年的一腔热血，我立即决定报名参加。身处象牙塔中的学子终于有机会奔赴祖国的偏远地区，发挥专业才干。

实践地点在遥远的新疆喀什市马尔洋乡小学，其海拔超过 3 000 米，光是单程前往就需要长途跋涉近 1 万里路，此外还需要克服高原反应。到达之时，我们发现马尔洋乡小学的硬件条件的恶劣程度超乎我们的想象。看到昏暗的教室、破旧的灯泡和发电量不足的小水电站，再看到当地塔吉克族天真可爱的小朋友们，我们的内心五味杂陈。由于没有稳定的电力供应，仅靠小水电站的水力供电，平日里根本无法满足现代教学设备以及食堂电器设备的用电需求，这严重影响了当地的教育条件。因此，我们下定决心，要在这短短的十几天内，利用"独立微电网"技术，为他们提供长期可靠的电力支持。

两所高校学子共赴祖国边疆

在实践过程中，我们从零做起，克服了高原反应、时常降雨、缺少材料等困难，并掌握了搭支架、和水泥、打电钻等未曾在书本中学到的工程技能。数十根最长可达6米的合金支架，以及60块每块重达40斤的光伏板，都是由我们徒手运到屋顶的。这些经历过的困难、挫折与挑战，也成了我们难忘的回忆。

当"梦之网"建设工程完成后，在通电的那一瞬间，盏盏明灯照亮黑夜。"梦之网"终于将电力之光播撒到了这片土地。在那一瞬间，孩子们的笑脸又浮现在我们的眼前，我的内心也萌生出一个念头：我愿意尽毕生的努力，为孩子们点亮盏盏明灯，照亮他们前行的道路，将希望播撒到远方！"梦之网"也点亮了我的清华梦，于是我和这些清华学子们相约两年后在园子中再相聚。

"梦之网"通电一瞬间

"梦之网"完工成果展示

■ 深耕：于服务中前行 于奉献中成长

时间匆匆流逝。两年后，我终于实现了自己曾经的梦想，来到清华大学电机系攻读硕士学位。在入学之初，我荣幸地参加了清华大学第十二届研究生新生骨干培训班暨第三十三期暑期团校（研究生班），"又红又专，全面发展"的育人理念深深地打动了我。时至今日，我仍然记得，杨斌副校长在当时教导我们的一句话："要做发动机，不要做传送带。"这种精神一直激励着我，因此我在进行科研学习的同时，也积极参加了许多社会工作，用心为身边的老师和同学们提供服务。

后来，我光荣地成为清华大学"双肩挑"研究生德育工作助理队伍中的一员，曾先后担任过电机系研究生会主席、国际学生助理和新生助理等多个职位。带有清华特色的辅导员身份，给我的校园生活留下了许多美好而又珍贵的记忆。

在担任电机系研究生会主席期间，我带领电机系研究生会全体成员凝心聚力，开放创新，在高品质服务中引领电机学子成长成才，并时隔多年再次荣获清华大学优秀研究生分会（综合发展类）这一宝贵荣誉。值得一提的是，在此期间我还曾作为工作人员参加了"梦之网"支队成员们的本科毕业典礼，实现了一次"梦幻联动"。

在担任国际学生助理期间，我不仅用心为系内国际学生提供优质服务，也积极参加了清华大学亚洲青年交流中心暨研究生跨文化领导力训练营，并参加了由电机系国家电网卓越创新基金资助的中意先进制造暑期学校海外实践项目，从而提升了自己的全球胜任力。

参加"梦之网"队员的毕业典礼（前排右一）

在担任新生助理期间，我对辅导员的身份又有了更加深刻的理解：我认为辅导员不仅要在服务中实现自己的价值，还应该像灯塔一样为同学们照亮前行的方向。在此期间，我因势利导开展了电硕20的新生思想引领工作，积极鼓励党团班骨干成员开展特色活动，并指引师弟师妹们对未来做好规划。

回首过往，这段在清华求学的经历，是我人生中一笔重要的宝贵财富。期间，担任清华"双肩挑"研究生德育工作助理的宝贵经历，让我结交了许多志同道合的朋友，极大地提高了自身的综合素质，也让我更加坚定了未来的前行方向。

■ **选择：守护万家灯火　共赴冰雪之约**

时光荏苒，岁月匆匆。临近毕业之际，为了让自己充分发挥所学到的专业知识，我决定聚焦电力行业，继续为社会做出更大贡献。最终，我选择了加入国网冀北电力有限公司，现在已经成了一名实习调度员，与诸多同仁共同肩负着保障首都供电安全、服务冀北地区经济社会发展和服务国家新能源发展的特殊职责使命。

生逢盛世，何其有幸。就在今年，北京成为全球首个"双奥之城"，在奥林匹克史上写下了浓墨重彩的一笔。2022年1月17日，外交部发言人赵立坚在例行记者会上提到："我们建立了张北可再生能源示范项目，把张北的风转化为清洁电力,并入冀北电网,再输向北京、延庆、张家口三个赛区。这些电力不仅点亮了一座座奥运场馆,也点亮了北京的万家灯火。"国网冀北电力有限公司不仅拥有着位居国网公司第一的统调新能源装机比例,也肩负着北京地区70%以上的电力传输任务。

为全力以赴做好冬奥保电工作,我和同事们共同坚守一线为冬奥保电护航。在我们夜以继日地编制保电预案和反复演练的过程中,在我们于一个又一个夜晚认真监视冬奥核心区电网运行情况的过程中,在春节期间全体调度员集中封闭坚守岗位的过程中,我们都在以"功成不必在我"的境界和"功成必定有我"的担当,用实际行动践行了供电保障万无一失的承诺,只为让冬奥盛会能够在绿色电力中更加精彩。

终于,这场举世瞩目的冰雪运动盛会画上了圆满的句号。在所有人的共同努力下,北京冬奥会、冬残奥会充分实现了"绿色办奥"的理念,并历史性地首次实现了100%绿色电能供应。我们也终于圆满完成了北京2022冬奥会、冬残奥会的保电任务,实现了"供电保障"和"疫情防控"两个万无一失的庄严承诺。不论台前幕后,我们与所有冬奥保障人员一样,都是这场冬奥盛宴的参与者、服务者和守护者。

冬奥保电结束留念

前行不辍，未来可期。今后，我也会继续以"只争朝夕、不负韶华"的奋进姿态，与祖国共进、与时代同行，在构建以新能源为主体的新型电力系统的进程中，在"双碳"目标实现的过程中，在矢志报国和服务人民的过程中，书写绚烂无悔的青春华章！

写于 2022 年 3 月

韩宗杭，清华大学电机系 2021 届硕士毕业生，毕业后赴国网冀北电力有限公司工作。

王德斌：从西南边陲的放牛娃到振兴乡村的返乡人

■ 求学：从苗岭到清华

我的家乡是云南省文山壮族苗族自治州。这是一个边疆地州，与越南接壤。20 世纪七八十年代对越自卫反击战中，文山州就属于前线战场。而今每年清明节，依然有很多老兵返回文山州麻栗坡县老山，缅怀当年因战争牺牲的战友。文山是一个多民族共生的多彩之州，总人口近六成是少数民族。文山也是名贵中药材"三七"的原产地和主产区，被誉为"中国三七之乡"，同时境内有 5A 级景区普者黑，以及有着"世外桃源"美誉的坝美，自然风光优美。

然而由于多种原因，以前文山的交通较为闭塞（近几年，随着脱贫攻坚、乡村振兴等战略的实施，文山已经步入发展的快车道。高铁、机场、高速公路等交通基础设施建设也都取得了巨大的成果）。高中以前，我去过最远的地方就是高中校园所在地：文山县城。那时我连昆明都没去过，因为从我的家乡小县城到昆明，单程需要坐七八个小时的大巴车，花费近两百元。去昆明一趟怎么说也得要花费五六百元，对于一个一穷二白的学生来说，这是很难承担的。那时觉得外面的世界离我好远，这个地方就好像是一个被人遗忘的角落，我们就好像是被遗忘的一群人。那会也不太知道利用互联网去了解外面的大千世界，对外面的认知大多来源于书本上的描述以及自己的想象。后来走过了很多地方，长了一点见识，才知道那时了解到的很多信息都滞后了，很多想象也不切实际。那时真的没见过什么世面，不过这倒也不全是坏事。见识少，反倒可以心无旁骛，埋头学习。心里一直期待高考发挥好一点，到外面去上大学，去见识一下外面的世界。

文山州的教育发展也相对落后。全州每年两万多近三万的考生，能考上清华北大的，一只手都数得过来。少数民族考生，能考上清华北大的更是凤毛麟角。我可能是文山州第一个考取清华的在苗族语境下长大的苗族家庭出来的孩子。这里倒不是为了吹嘘自己，主要是想让大家对我所说的教育相对落后，有一个直观的感受。

而今，这个问题依然很严重。在我的家乡文山州广南县，"控辍保学"是一项艰难繁重的工作。2020年，因疫情原因无法返校，我自告奋勇作为志愿者参与到广南县的脱贫攻坚工作中。那时参加了一场"控辍保学"的会议，感受颇深。很多辍学孩子才十几岁，正是人生最美好的年华，也是可塑性最强，学习、认知世界最好的年华。这个年纪辍学，去工厂务工，学不到太多的东西不说，高强度的劳动也会对心理、生理产生不可逆的伤害。更让人难以接受的是，很多人自己还是个没长大的孩子，便早早结婚生子，为人父母，开始负担起家庭的重担。在这个年纪，很难说他们在生理、心理上做好了准备。估计他们也不知道辍学、结婚对于他们意味着什么。

当地政府很重视这个问题，也想了很多办法，但是收效甚微。教育是影响长远的一件事，一代人如果教育出现问题，那对整个民族的影响将会是深远的、长久的。当时，我有所感，发了一个微信推送，和朋友们讨论"控辍保学"、早婚早育的问题，很多好心的、关心此事的朋友进行了回复。

说远了。总之高考前，我也没敢想有一天自己也能坐在清华的校园里学习，当时我爸对我的要求就是考上一本就可以了。当高考后，班主任打电话告诉我，我是文山州理科总分第一时，我还在山上放牛。当时不知道为何心情无比平静，但是总觉得这个时候不表现得兴奋点，好像有点违和，虽然现场只有两头牛，再没其他人。我还是在两头牛的见证下，进行了庆祝——蹦了两三下。傍晚回家后，我把这个消息告诉了父亲，他的高兴溢于言表。他立马跑到隔壁四五公里外的村委会买了两桶烟花回来，还做了顿好吃的，叫了几个亲戚来一起吃饭。我清楚地记得，那是我们家第一次放烟花。

因为超常发挥，我比较顺利地进入了清华大学机械工程系（实验班）学习。我和大部分同学的大学生活应该也一样，上课、参加活动，等等。虽说不上如何绚烂多彩，但是也丰富充实，值得回忆。大四的时候跌跌撞撞，最终保上了研，继续在机械系学习。研究生阶段，我的导师程虎虎老师和曲良体教授给了我很多锻炼、探索的机会，对我也极尽包容，我的科学研究能力获得了很好的锻炼。感谢他们对我的教诲，这个阶段的学习锻炼是我人生道路上至关重要的一程。

回想这一路走来,可以用两个字来概括——"坚持"!我一开始在村里念小学,后来到了县城念初中,再后来到州府去念高中,最后到了清华。每上一个台阶,都遇见了一群更加优秀的人。每次我都会去审视自己与别人的差距,然后努力去追赶。更多时候,我是作为一个追赶者的角色出现的。基础不好,但是没有理由去自惭形秽、自暴自弃,只能迎头追赶。所以,我常常告诫自己,很多事是持久战役,要坚持住!特别是到清华后,牛人云集。各个方面都有做得很出色的同学,文艺、体育、学习、科研甚至打游戏都有牛人。因此,更要学会接受自己的平庸,接受自己没法在每个方向都做得好。要去发现自己独特的地方,发现自己的优势所在。然后坚持去打磨、精益求精,发挥自己的优势。和别人对比,只能知道自己的位置;和曾经的自己对比,才能知道自己是否进步了,是否虚度了光阴。

■ 就业:让青春之花绽放在祖国最需要的地方

毕业前我与曲靖市委组织部签约,毕业后奔赴祖国西南边陲基层工作。也曾有过到北上广深、成都、重庆等一线、新一线城市工作的机会。但是经过综合各方面因素考虑之后,还是选择了回到云南基层工作。

这里面有家庭的因素:离家近点,方便照顾家里。除此之外的原因首先是,当前国家正在施行"乡村振兴战略",大力支持中西部发展。基层舞台广阔,潜力巨大。而基层要发展,乡村要振兴,最急需的就是各类人才,青年一代在基层大有所为。能够将自己的事业和国家的召唤结合起来,无疑是幸福的。

其次,清华的教育让我树立了"立大志,入主流,上大舞台,成大事业"的就业观。我还记得本科入学的第一课上,老师便讲到作为清华的学生,应当要有家国天下的情怀,应当要去关注一些与今天的自己无关、看起来无用的东西,并由此建立起自己的理想和情怀。清华还有一句为人熟知的口号——"为祖国健康工作五十年"。这些无时无刻不体现出园子里"又红又专"的传统。这些口号和精神相信已经像基因一般镌刻进大多数清华人的骨子里了。

清华7年的教育让我慢慢树立起了自己的就业观,将自己的发展与国家的需要相结合,要"让青春之花绽放在祖国最需要的地方"。

最后,我从小生活在乡村的经历,让我对云南基层也有一份特殊的感情。

云南的基层也许没有东部沿海的富裕,虽然我也向往富裕美好的生活,但在这里,对于我而言是家一般的感觉。

毕业季校园内的标语

我感触最深的还是家乡这两年的变化。我的家乡是一个叫岜夺的小村庄。我所在的那个村小组,仅有30多户人家,村子距离广南县城近20公里。以前都是泥土路,路上沟沟壑壑,没有车能跑。赶集需要步行四五个小时才能进城,非常不方便。那时,村里大多数人家几乎没有什么经济收入来源。只能挖点山上的野菜、药材到城里卖,才能够获得一些收入。大家平时倒也没有什么太多的支出,只有食盐、洗衣粉等消费品以及种子、化肥、农药等生产必需品需要进城购买。大部分时候,大家都过着日出而作、日落而息的自给自足的生活。如果遇上收成不好的年份,甚至有的家庭饭都吃不饱。幸好村子里大家都是关系很好的亲戚,互帮互助,一起度过了那些艰难的岁月。

直到新世纪，慢慢地有人外出到两广等地务工，大家的生活水平才慢慢有了改善。

脱贫攻坚期间，云南省纪委监委对点帮扶岜夺村，在各级党委政府的关心重视下，岜夺村发生了翻天覆地的变化，甚至还登上了《人民日报》。

《人民日报》对岜夺村的报道

现在岜夺村到县城的路已经变成了宽敞的柏油路，到县城去，开车只需要半个小时。各个村小组的入村道路也都已经硬化，交通很方便。

岜夺村已通柏油路

政府还专门出资新建了一个易地搬迁安置点，附近几个村小组的贫困户都可以无偿地搬入宽敞明亮的新家，生活得到了极大的改善。

岜夺新村易地搬迁安置点

而今，按照当地党委政府的部署规划，还要把岜夺村打造成为苗木小镇。苗木基地采取土地流转、基地务工、村集体经济收益分红、提供生产资料等利益联结机制，带动了当地农户参与建设、生产，极大地增加了大家的收入。

岜夺村种植的油茶和柠檬

这两年每年回家，都震撼于家乡巨大的变化。我在2020年3—5月因疫情原因无法返校的情况下，毛遂自荐，作为志愿者参与脱贫攻坚工作。以基层工作人员的身份，对基层有了更深刻的理解。从家乡的变化中，我切实地感受到了脱贫攻坚、乡村振兴计划给乡村带来的改变和影响，也更深刻地明白了这些计划的意义。我的家乡只是广大中国农村的一个缩影，广大农村正在发生翻天覆地的深远变化，人民的生活得到了极大的改善，农村的发展潜力也在逐步被释放出来。党的"不忘初心、牢记使命"正是体现在这些为人民谋幸福的事情当中。所以，如果我能够参与到这场轰轰烈烈的变革和建设中来，必定是一件值得骄傲的事。

脱贫攻坚危房拆除工作现场

■ 后记：从清华入海，做一朵奔涌的浪花

很喜欢歌曲《入海》里的一句歌词："一起跃入人海，做一朵奔涌的浪花。"长路漫漫，这注定不会是一场一帆风顺的征程。希望我们都能够保持像浪花一般的激情，奔流入海。

写于 2021 年 9 月

王德斌，清华大学机械工程系 2021 届硕士毕业生。毕业后赴云南省曲靖市公共部门工作。

余明：用过往的沉淀迎接未来的挑战

■ 从深海航行到天空翱翔

我的大学时光是在哈尔滨工程大学度过的，学习的专业为船舶与海洋工程。在4年专业训练后，我对船舶和海洋结构物的性能和设计制造有了较为深入的认识。在本科指导教师——丁勇教授的指导下，我对深海潜航器的水动力性能产生了浓厚的兴趣，但是也认识到了当时学科中发展的欠缺，对流体力学中的基本现象——湍流的认识尚有不足。我认为只有打破原来的传统思维，从基础理论出发才能解决这些问题。因此，在大四保研时，我决定要来到清华大学工程力学系流体力学研究所攻读博士学位，争取打好基础，再回过头解决这些问题。

大学时期在启航舵前

然而在保研前夕，丁勇教授语重心长地跟我说："你要是想在本专业有所建树，最好不要去其他专业读研究生。清华大学的本科生所受到的专业训练你是没办法比的，他们的学习会更专业、更系统，你去了以后会落后很多。年轻人，要脚踏实地、一步一个脚印地走，不能好高骛远、徒有虚名，自毁前程。"

当时我虽然觉得丁老师说得非常有道理，但是还是选择了坚持自己最初的想法。在经历一番初选和面试后，我来到了清华航院流体所，师从湍流方面的专家——许春晓教授，准备开始实现当时的"宏图壮志"。

但是事情不尽如人意。刚刚入学，许老师就给我分配了一个之前我从来没接触过的课题，研究航空航天飞行器表面的高速流动。最初接到这个任务时，我的内心是比较抵触的，不仅因为这个课题与我当时想做的研究完全不相关，同时也需要我学习大量全新的数学和力学的专业知识。这也应了本科时丁老师的所有"预言"，我不仅与所关心的行业脱了钩，在新的专业领域的知识也完全跟不上。

庆幸的是，我遇到了一个非常认真负责的导师。许老师很有耐心，针对我薄弱的基础，专门帮我制定了适合我的培养方案，课程包含从本科生的流体力学、粘性流体力学、计算流体力学，到研究生的数学和力学相关的课程。同时，他也给我提供了大量基础教材和相关文献，在每周的个别讨论会上都会为我解答学习遇到的问题。经过了一年的"补习"，我逐渐对高速气动力方面的知识和研究进展有了更深入的了解，也更有了信心。

虽然大部分的励志故事都会告诉我们要坚持最初的理想，但是既然当初我的执着已经悄然地改变了我的人生轨迹，我也就应该欣然接受。

■ 在铭记错误中成长

最初的学习只是正式研究工作的铺垫，寻找问题的解决方法和突破口才是难点。刚开始接触科学研究的感觉，就像一只笼中长大的鸟突然飞到了森林里，对一切都感到新奇，有时也会迷茫，经常为了解决某一个问题走得太远，忘了最初的目的。每当这个时候，许老师都会及时地提醒我，把我拉回正确的轨道上。在许老师的悉心指导下，我逐渐对湍流的各方面知识有了较为系统的了解，知道了遇到什么问题应该用什么方法解决，同时偶尔回顾一下最初要解决的问题是什么，完全解决了再去寻找下一个研究问题。

作为广大奋战在科研一线的博士研究生群体中的一员,我也曾在实验室为了几行公式的推导而苦恼、为了几行代码的调试而烦闷、因为一个不起眼的参数设置的错误浪费大量的计算资源而沮丧、因为课题的反复研究没有突破而焦虑不安、因为受到同行的批评指责而郁闷……有一次,由于我对算法性质理解的不到位,被国外的一位教授指出,我已经投出去的期刊稿件中的数据有"致命问题",如果不能及时纠正就必须撤回稿件。当时的我十分消沉,但是考虑到消沉本身也解决不了问题,就用了两个月的时间更新了算法和数据,在论文接收之前及时改正了错误。虽然当时在精神上备受折磨,但是我十分感激这位教授能在关键的时候发现并指出这一问题,让我在犯下更大的错误之前及时止损。

再回首,这些痛苦的经历都是宝贵的财富。有些经验和教训只能在错误中学习,并且痛苦的记忆更会使这些经验和教训铭记在心。在做科研的过程中,我逐渐变得小心、谨慎、专注,与刚入学时比,我的避错能力大大提升。这些都是日后工作的宝贵经验。

2021年5月19日下午3点,我对我的博士论文工作进行了完整的汇报,得到了同行专家和学位委员会老师的一致肯定,通过了博士生涯的"最终审判"。2021年6月,经过校级审查,我终于拿到了博士学位。这不仅是对我这几年博士期间工作成果的认可,也是对我的激励,让我在学术道路上继续走下去。

博士论文答辩现场(左)

■ 以过往为序章

正值毕业季，在众多的高校、研究所、企业中，经过多方面的了解、若干次面试和交流，我选择了中国空气动力研究与发展中心。这一决定主要出于以下几方面的考虑。

第一，前文提到，我在读博期间参与的第一个项目就是由气动中心牵头的，在学术交流的过程中得知气动中心具有非常高水平的科研基础和实力。本人的主要科研手段为大规模并行计算，气动中心组建的高性能计算平台十分先进，为科研工作的顺利开展提供了坚实的后盾和充足的保障。

第二，虽然我目前已经完成了博士期间的学习和研究，但是仍有尚未解决的问题。我愿"趁热打铁"，积极地把培养起来的对科学研究的热忱继续发挥到日后的工作中去。

第三，气动中心最近的研究方向与本人长期所关注的科学问题相契合，与前沿科技相关。在对最新研究进展的学习和调研过程中，我发现目前空气动力学中有很多问题在理论上尚未解决，也有很多问题暂时没有把理论与实际应用相结合。这也是本人所感兴趣的研究方向——在重大科学问题中寻找突破点，不仅要解决关键的科学问题，还要把解决方案应用到实际工程中去。

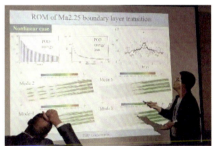

在读博期间参与的学术、社团和集体活动

21 年的求学生涯教给了我很多深刻的道理，特别是在清华大学的读博期间，身边多才多艺、能文能武的小伙伴给我带来了全方位的成长。日后，我会铭记"自强不息，厚德载物"的校训，自励、自勉、自觉、自立，热爱工作，热爱生活，实现自我的提升，为国家科技进步贡献自己的力量。

写于 2022 年 4 月

余明，清华大学航天航空学院 2021 届博士毕业生。毕业后就职于中国空气动力研究与发展中心计算流体力学研究所，继续从事科学研究工作。

李天枭：追寻"双碳"，我选择了孤注一掷地争取和等待

2021 年 6 月毕业季

我最幸运的就是在大学遇到了热爱且值得毕生追求的事业，那就是能源领域的碳达峰、碳中和事业。

■ 对"双碳"的认识

2020 年 9 月 22 日以来，"碳达峰、碳中和"火遍大江南北，有些人将其视为投资致富的机会，有些人认为"双碳"在拖经济发展的后腿。关于应对气候变化和 3060 目标的背景在此我就不再赘述了。我对"双碳"的认识可以概括为三个方面。一是应对全球气候变化是人类有史以来通过最广泛的联合、集全人类科学发展之力适应和改变地球自然条件的伟大实践，无论成功与否都值得历史铭记。二是碳达峰、碳中和将在一代人的有生之年对全社会生产生活方式带来颠覆性的变化，将使人类生产力水平摆脱当前自然条件约束而达到一个新的高度。三是碳达峰、碳中和是中国抢占全球科技产业链上游的关键突破点和走向世界舞台中央的重大战略机遇。

因此,"双碳"是应对人类气候危机、改善人类生活福祉、推动中华民族复兴的伟大事业,从任何一个角度来讲,都值得作为毕生追求以实现个人价值的事业。

■ 与"双碳"的结缘

我于 2012 年考入热能工程系(现在叫能源与动力工程系),并于 2016 年在本系攻读博士,2021 年毕业。博士期间跟随导师李政教授开展中国能源低碳转型战略研究,这 5 年是我与"双碳"结缘并立志从事"双碳"事业的关键时期。

我非常感恩我的导师李政教授。导师为我提供了广阔的平台、视野以及见证历史的机会。在导师的身边,我得以近距离见证中国碳中和战略论证和宣布的全过程。在导师的安排下,我前往哈佛大学,在 Daniel P. Schrag 教授的指导下开展中美联合应对气候变化的研究工作,成为中美应对气候变化谈判和合作的近距离旁观者。这不是随随便便就能遇到的缘分。

在导师的指导下,博士期间我开发了用于中国能源低碳转型总体规划的模型工具,能以全国一盘棋的视角、更高的时空精度提出实现"双碳"目标下煤、油、气、电、氢等多能源系统联合运行和规划的方案,能够用于评估不同转型方案的经济成本,从而为国家能源的低碳发展提供性价比相对较高的政策建议。

数据和信息是能源领域认识、判断和决策的最根本依据。在博士研究期间,我深感中国能源领域的数据和信息相对分散,每个研究者都要从头整理自己需要的数据和信息。

因此,在科研时间之外,我自己运营了一个微信公众平台,用于收集整理各个机构发布的能源数据,翻译国际主要机构的相关报告,并发布一些对数据进行加工处理后的基本观点,这些都挂到公众号上进行分享,希望能够让更多的能源领域研究者得到便利。现在公众号已经有 3 000 多关注者,基本都是能源行业的人士。

运营公众号的过程中也让我结识了许多能源领域的专家学者和企业经营者,他们对我的指导也让我获益匪浅。现在由于工作原因不能继续运营这个公众号了,希望能有学弟学妹们继续做好这份有意义的事。

博士的5年间，在导师的感召下，我逐渐确立了将中国的碳中和事业作为我职业生涯的毕生追求，这也是我们这代人必将接力扛起的责任，所以这5年，我和"双碳"的缘分不仅结下了，并且很深。

2021年4月校庆

■ 对"双碳"的追求

俗话说"风口来了猪都能上天"。2020年秋招的时候，我就切身体会到了做一只被吹上天的猪是什么感觉。我还清楚地记得9月22日晚上我在撸串时激动地转发着推送时，新媒体和朋友圈还一片沉寂。但不久后"双碳"就成为全社会热烈讨论的话题，在这个风口的人才需求和供给出现巨大不平衡的形势下，专业背景和这个风口沾边的毕业生在求职市场都炙手可热。

在求职季，我将能源领域主管单位、智库类研究机构、咨询机构、能源央企的研究院和运行部门作为我求职的主要方向，希望我能够在"双碳"目标实现的过程中做出自己的贡献。

人站在风口上时拿到offer并不难，难的是抉择。对我而言，求职排位第一的是能源领域的主管单位，在那里能在更高的平台上发挥个人价值。但这又是录取时间最晚的地方，意味着即使其他的offer拖过DDL，也不一定能等到其录取结果揭晓。面对可能"一无所有"的风险，我还是几乎在拿到前面所有的offer的第一时间就婉拒了对方抛来的橄榄枝，有的甚至中途直接放弃了面试，选择了孤注一掷地争取和等待。我认为，做决策只求无悔，年轻时就要奋力一搏，不希望将来心怀"我如果当初怎么样就好了"的无尽遐想。

最后我也很幸运，进入了能源主管单位的规划部门工作。2060年时我将67岁，我希望届时能看到在中国能源领域工作者的共同奋斗下，我们成功实现了碳中和的伟大目标。

■ 写在最后的话

我认为大学是我们寻找值得自己毕生追求事业的地方，在做决策时不应被户口、薪资、地点等客观因素所牵绊，而是一定要认准自己的梦想在哪里。最后掉几句书袋，"志不立，天下无可成之事""立志圣则圣，立志贤则贤""凡学之不勤，必其志之尚未笃也"，意思就是，制约个人发展和实现价值的，只有自己追求的志向；之所以有选择困难症，是因为根本没找到值得自己毕生追求的事业。

写于 2021 年 9 月

李天枭，清华大学能动系 2021 届博士毕业生。毕业后考入国家能源局工作。

叶子鹏：建党百年，我选择成为一名党校教员

■ 有益于国与群

今年是中国共产党成立 100 周年，在我看来，这样的庆典也为今年高校的毕业季添上了浓墨重彩的红色印记。

2017 年 2 月 27 日，《关于加强和改进新形势下高校思想政治工作的意见》印发，其中明确提出支持有条件的高校在马克思主义理论一级学科下设置党的建设二级学科，实施高校马克思主义理论人才支持培养计划。2018 年，清华大学在马克思主义学院开设了党的建设专业（方向），我也因此有幸成为咱们学校第一批党的建设方向博士生。

来到清华园，我被学校浓郁的家国情怀和集体氛围所感染，在学校"立大志，入主流，上大舞台，干大事业"的就业引导下，我也一直在思考究竟如何既能立足于我的专业优势、发挥学术专长，又能"有益于国与群"，实实在在地投身国家重点单位、最大限度地服务公共部门。

我的具体研究领域就是党的建设理论与实践，在研究不断深入的过程中，我发现了完备的党校体系正是中国共产党重要的执政特色和独特优势之一。世界上没有哪一个政党像中国共产党这样，从中央到地方再到基层建立起覆盖广泛、组织完备的党校体系。注重发挥党校在全党工作中的作用，也被诸多国际上的学者称为中国共产党的"秘密武器"。

我们党作为集中统一的马克思主义政党，在思想上的统一、政治上的团结、行动上的一致格外重要，在现如今的国内外大背景中更是如此。而要形成统一、团结、一致的局面，非常重要的一个方法和渠道就是通过作为"红色殿堂、理论高地、干部摇篮"的党校体系对各级党的干部进行系统化教育、集中化培训，不断提高党的干部的政治素质和理论修养，不断提升党的干部的领导能力和工作水平，进而才能使全党保持步调一致。

于我个人而言，我认为党校是公共性与专业性的结合，横跨学术与政治

两端，更为重要的是它具有对全国所有一线公共部门的辐射性。所有一线的干部，"热运行"中的"冷思考"和"急行军"中的"踱方步"都是在这里完成的，也因而这里汇集了来自全国所有一线公共部门的问题与举措、困难和创新。前往党校从事教学和科研工作，我希望能够用学术讲政治，讲清讲透理论思考中与实践探索中的焦点、堵点、痛点、难点，希望能够最大限度地服务基层公共部门。百年大党"再赶考"，迈向下一个百年，需要一批投身于党的理论创新工作和干部培训事业的年轻人，我决定成为其中的一员。

■ 结硬寨，打呆仗

"党校不是世外桃源，党校学员来自四面八方，听到的、看到的问题很多，意识形态领域的许多重大问题都会在党校汇聚。"习近平总书记曾担任过多年的中央党校校长，在全国党校工作会议上的讲话一针见血。这也成为我下定决心前往中央党校从事教学和科研工作后在校理论学习和研究锻炼上的鞭策。

于是，我的博士论文选题就聚焦到了我所关注的意识形态领域的一个重要问题——中国新型政党制度的类型学意义以及在此基础之上的中国本土民主形态和政党制度的话语建构。

当前，国内对中国共产党与"中国崛起"的巨大成就和巨大变革之间正相关性的阐释仍然不够充分，在此基础上，本土民主形态和政党制度的话语权仍处于相对弱势的状态。从某种程度上讲，的确可以从中国哲学社会科学界在曾经的"学步阶段"中一直受惑于西方话语霸权的思维惯性，难以逃离"西方中心主义"的窠臼中找到原因，但也确实反映出一段时期以来，中国在理论自觉和制度自信方面的"势差"，常常不自主地使用西方所谓的理论，试图嵌套和解释中国的实际。而这反过来不仅限制了"中国故事"的有效传播，还可能对中国道路发展的实际进程产生不利影响。系统性地反思一段时期以来，中国政党研究在议题的框定、相关概念以及研究范式的使用、价值取向和思维模式等方面的"西方化"倾向，彻底摒除"历史终结"的所谓政治正确教条就显得格外重要。只有实现将政治发展普遍规律从单一的西方形式中解放出来的认识论革命，才能真正实现话语自立、学术自觉和理论自信。

为此，我积极阅读马克思主义理论、政治学相关经典文献，跟随学科方向的导师们认真开展课题研究工作。我还在学校、学院的支持下公派前往英国、俄罗斯、澳大利亚、马来西亚等多个国家和地区,去深入了解海外中国共产党研究的话语视角与话语现状。在校期间,我几乎做到了雷打不动,每天都能保证在图书馆近 10 个小时的学习时间,周末乃至毕业季都仍然如此。现如今有时伏案久了,我还经常会恍然自己似乎仍坐在李文正图书馆那个能闻到陈年书籍淡淡纸张气味和抬头就能看见湛蓝西操的座位上。

除了在学术研究上以"结硬寨,打呆仗"来要求自己外,我想,党校教员的工作其实与清华大学传统的辅导员工作在本质上有一定的相通之处,都是在做思想"熔炉工"的工作,都要解决"思想上的疙瘩"。在校期间,我也以同样的态度积极继承学校"又红又专"的"双肩挑"传统,积极参与到清华大学思政育人的社会工作中去。从积极参与学校博士生讲师团的工作,到负责马克思主义学院研团总支,再到担任学校"林枫计划"(清华大学马克思主义理论研究学生因材施教计划)的辅导员。在不同的社工岗位上,我不断摸索尝试,希望找寻一条能够让思想政治工作"如盐在水",而不是推向反面的"如鲠在喉"的方法,找寻一条能够更好地让正向、正面、正气的思想入脑、入心、入行的方法。

清华大学马克思主义学院党委研究生工作组 2019 年春季学期年度总结会合影

■ 不在太空遨游，多问街头巷尾

"康德和费希特喜欢在太空遨游，寻找一个遥远的未知国度；而我只求能真正领悟，在街头巷尾遇到的日常事物！"马克思终其一生，并不喜欢在"太空遨游"，他更关注发生在街头巷尾的故事，更关心田间地头和工厂车间，更关注人民的呐喊和呼唤。马克思在《关于费尔巴哈的提纲》中指出，"全部社会生活在本质上是实践的。凡是把理论引向神秘主义的神秘东西，都能在人的实践中以及对这个实践的理解中得到合理的解决。"

我初出茅庐，而我即将面对的学员却久经锤炼，他们的身后有着广袤大地上最一手的治理经验；我未曾做过大的决策，却要和领导干部讲如何决策。除了需要对理论前沿问题的总结和思考，万万离不开来自实践层面的经验。

2018 年的夏天，习近平总书记就曾给清华大学马克思主义学院研究生毕业班全体同学回复勉励寄语，强调了学好、用好马克思主义的重要性："希望同学们无论是继续深造还是踏上工作岗位，都始终坚持对马克思主义理论的学习，提高运用这一科学武器分析和解决问题的能力，坚定为祖国和人民矢志奋斗的信念，以实际行动书写无愧于时代的青春篇章。"

的确如此，马克思主义不是书斋里的学问，而是直接服务于人民群众、直接服务于改革发展的实践科学。2018 年年底，我和学院的老师、同学们一起发起成立了清华大学马克思主义学院新时代基层党建服务队，号召大家发挥理论专长，进机关、进企业、进社区、进连队，带去党建理论知识、带回党建实践问题，开展专业党建研究，推动典型党建宣传，通过这个平台引导广大青年学子运用马克思主义的立场、观点和方法分析和解决当前重大理论和现实问题，取得了良好的效果。

在校期间，我还担任了清华大学学生基层公共部门发展研究会和清华大学学生县域经济研究会的副会长，加入了"唐仲英计划"（清华大学学生领导力培养计划），与那些有着脚沾泥土的地气、眼睛向下的意气和走出舒适圈的勇气的朋辈们一同，深入基层一线，了解基层实际。我想，只有真正眼睛向下，踏踏实实走进基层火热的一线，助力基层发展、改善基层生态、焕新基层面貌，当几回"热锅上的蚂蚁"，才能真切体会骨头之硬、改革之难、创新之可贵，才能读懂脚下这本幅员辽阔又瞬息万变的"无字之书"。

清华大学马克思主义学院新时代基层党建服务队青年党员前往延安调研学习

■ 白天听学讲，晚上读写想

正式入职中央党校已逾两月。

在教研部的安排下，我先后担任学校中央企业领导人员研修班和中青年干部培训班的教学组"下班"教师，所做的工作要与学员"朝夕相处"，同吃、同住、同学习、同运动、同封闭。对于我这样的党校"新兵"而言，这是难能可贵的机会，一方面，我能够以学员的视角去旁听学校主体班班次教学计划中的各类课程，去学习前辈教员的教学内容、教学方法；另一方面，我能够与各个地域、各个领域的学员深入交流，去了解学员真正关心的理论问题与实践难题。希望能够早点找到站上讲台把理论"落细落小"，让思想"绵绵用力"的方法。

与此同时，党校组织部为我们新入职的教职工安排了长周期的"研读工程"。"研读工程"的第一份书目就是九卷本的《毛泽东年谱》。虽然之前在校期间也曾阅读过毛泽东同志的选集和部分文集，但阅读"年谱"还是第一次。"年谱"的学习远比我想象中的要"辽阔"，仿若在读一本第三人称的日记，让我在宏大的历史叙事之余，也更多地了解了"历史的细节"，以及毛泽东同志的"胸中日月"与"人间天地"。我通常是利用晚上的时间阅读，晚上的时间相对整块，也很静谧，适合阅读、写作和思考。

白天是在教学楼里的课桌前听讲、学习、交流，夜间是在住处的台灯下阅读、写作和思考。在北京西郊这样按部就班的生活，让我想起早些年曾读过李书磊的1996年出版的那本《杂览主义》"书生心绪"中的一段话：

向学的人不坠其阅历实践之志，实践的人不失其向学求道之心。读书的至境在于养心，在于悟道，在于达到对人性的了悟与同情，达到对宇宙的洞察与皈依，达成个人人格的丰富、威猛与从容。

围绕习近平总书记"七一"讲话做宣讲交流

写于 2021 年 12 月

叶子鹏，清华大学马克思主义学院 2021 届博士毕业生。毕业后赴中共中央党校（国家行政学院）工作，担任党的建设教研部讲师。

曹丰泽：我要证明，理想主义的路是走得通的

2020 年 10 月，在朱利叶斯·尼雷尔大坝

　　一转眼，来非洲已经快半年了。短短半年，我却扎扎实实地明白了"理想主义"这四个字究竟意味着什么。回想半年前，我兴高采烈地离开清华，怀抱着满腔热情来到非洲，一心想要为坦桑尼亚人民用上清洁而充沛的电力贡献我的"毕生所学"，给人类命运共同体添砖加瓦。我的想法非常简单：自我 2012 年考入清华，从本科到博士，我已经在北京市海淀区的这一片小小的方寸天地中"耽搁"了整整 9 年的青春，再不去风雨中闯闯，青春就要结束了。大丈夫生于天地之间，岂能郁郁久居五道口？我想要一个浪迹天涯的人生，到我死的前一天也断然不想定居下来。至于升官发财，那实在是次要得不能再次要的事情。我曾跟朋友们抱怨说："我就像一只被铁链子拴着的野狗，文凭就是拴着我的那条'铁链子'。等这条铁链子被我磨断的那天，你看我冲出去，就像《天狗》里的那条天狗，我把日也吞了，我把月也吞了，我就是我啊！"

　　终于，那条"铁链子"断了，我如愿以偿地冲了出去。

　　我曾尽可能地想象在非洲长期工作可能遇到的困难。什么吃得不好，住得不好，各种传染病，生活无聊，等等等等。但现实永远比我想象的更简单，

也更真实：所有我想的这些，其实都没啥艰苦的，唯一的也是最令人头疼的艰苦，永远都是工作本身。

应当承认，我们干的确实是一份相当光荣的工作。我们目前建设的水电站，建成后将成为撒哈拉以南的非洲最大的水电站。坦桑尼亚是一个很值得尊敬的国家，政局稳定，人们吃苦耐劳，且十分爱国，只是长期受到不公正的国际秩序压制，难以汇聚财力进行工业化推进。为了建设这座水电站，坦桑尼亚政府倾尽全力，让坦桑尼亚的工业迈出从零到一的最艰难一步。作为一个中国人，我们也有过顶着全世界的打压奋勇前进的年代，此时此刻，恰如彼时彼刻，怎能不叫人热血沸腾。

只是到了具体工作时，画风就变得好像不是那么回事儿了。碾压混凝土仓面没有清理干净，需要安排人把之前没刷掉的塑料皮刷干净；排水管堵了需要通开；夜班卡车司机喝了酒要怎么处理；两列拉材料的火车同时到了，应该先拉水泥还是火山灰；廊道出了个裂缝，这个裂缝要不要紧？这个不要紧的话，那对面那个裂缝要不要紧？当然"大事"也有，比如，为了钢筋保护层的厚度到底应该是 5 厘米还是 10 厘米，我们和监理单位扯了一周的皮，双方唇枪舌剑，连会议室桌子的螺丝都被拍松了。我们探索出了 100 种委婉的说法，用来替代不够礼貌的"你在教我做事"？还有朋友问我在非洲寂不寂寞，笑死，我的觉都不够睡，哪有时间寂寞。

这还是理想主义吗？咱就不说理想了，所有这些工作，好像和任何一个"主义"都搭不上边。

持续上升中的大坝

理想主义者的生活从来都不酷，理想主义的道路也从来就不豪迈。

"但这正是理想主义，这才是理想主义！"

理想主义者的本质是一种人类，而不是神，不能用血肉之躯徒手搬起两座大山，一厝朔东，一厝雍南。

理想主义者在绝大多数的早晨醒来，需要面对的并不是"临危一死报君国"，也不是走到台上振臂一呼"不许跪"，而是谈判桌上永无休止的扯皮推诿，是繁杂琐碎的财务问题，是连篇累牍的制度设计，是与形形色色的人合作、斗争，再合作再斗争，是日复一日不见天日的思考与劳动，劳动与思考。

甚至，掰着手指头算日子，被动地熬过那些艰难的时光，也算不得什么本事。而是，在日复一日的艰辛与失败中，不停息地思考如何工作，如何解决现实中不停涌现的既不酷也不豪迈的千百万个问题，永不停息，这才是理想主义者。

非独贤者有是心也，人皆有之，贤者能勿丧耳。匹夫一怒，三分钟热血，谁人皆可，并不难，可也无用。真正难的，是"勿丧"，是坚持着把一件事做成，是让一切的付出和牺牲都有价值。

有点浪漫的事情，往往是快乐的。而特别的浪漫，往往意味着特别的艰辛。但也正是这种特别的艰辛，成就了特别的浪漫。

要想获得电，首先你需要有电。

在一个水电站工地，施工现场、材料加工、运输个个都是时刻吞噬电力的无底洞。每一粒碎石到达它的指定位置，都至少要经历五只"电老虎"的嘴。甚至我们每一个中国人按照坦桑尼亚的标准来看，个个都是行走的"电老虎"。我们随便开几天空调，就是一个坦桑尼亚人一年的用电量。

我的营地使用的是坦桑尼亚原本就捉襟见肘的电力。停电是再正常不过的事情，每天都要来上个十次八次。开会时停电甚至不能打断发言者一秒钟的思路，否则如果每停一次电就要愣一会儿，那这会就永远开不完了。

要命的是，供应生活用水的水泵也是要用电的。有时洗碗洗到一半，洗澡洗到一半，水和电同时消失。束手无策，等吧。有时中国工长们疲惫地下了夜班，浑身机油，满脸水泥，发现没电，也没水。那就等等吧，等等也许就来了。

这已经是坦桑尼亚能给予我们最好的条件。

每次我全身涂满泡沫却突然停水时，我都忍不住在想，如果这座大坝不能顺利建成,我们这座工地外面上千万个坦桑尼亚人,那些住在草棚里没有电灯、没有井甚至没有玻璃的人,可能一辈子都没有机会知道被泡沫涂满全身是什么感觉。

我回想起半年前的自己,龟缩在有层层叠叠文明屏障保护的温室中,会为了自己一点微小的得失抱怨不休。在层层叠叠的现代科技的庇护下袖手空谈,是多么荒谬可笑的一件事。

要改变这种状况,需要的是钢铁一样的人们。

我希望这人们中能包括我。

2023年,我们目力所及之处将变成一片湖

有很多人劝我。他们说,我有"一手好牌",没必要过这种身上涂满泡沫等水来的日子。

确实"没有必要"。但是,我那么努力地学习、考试,获得了这"一手好牌",原本就是为了拥有更多的选择,而不是为了把路越走越窄,进而只能走那条对于个人利益"最优路径"的路。那样无趣而无光的生活,于我如炼狱。

既然我已经能够吃得饱、穿得暖,那么我想,我有权利把我多出来的精力,不用来吃得更饱、穿得更暖,而是做一些我认为更有意义的事情,走一条风景更加壮丽的路。

那就是理想主义的路。它或许比其他道路更崎岖,也更危险,但我坚信这绝非一条死路,它也是走得通的。

我想用我的经历告诉那些同样怀有理想、拥有过人才能却被外界规训"世界上只有利己主义一条路走得通，别的路都是死路，所以你必须抛弃你的理想，走这条锱铢必较的利己主义道路"的青年们：

世界上不是只有利己主义一条路可以走。

理想主义的路，是走得通的。

写于 2021 年 12 月

曹丰泽，清华大学土木系 2021 届博士毕业生。毕业后入职一线施工单位，到斯蒂格勒峡谷做工程师。2023 年，他和他的同事们将建成撒哈拉以南非洲最大的大坝，终结坦桑尼亚"因缺电而致贫"的历史。

曹哲静：从多元探索到学术之路的选择

我从 2014 年研究生入学清华大学建筑学院，在园子里度过了硕士和博士时光。从踏入清华园至今，大概可以用以下三个阶段来形容。

曹哲静个人照

■ 第一个阶段：体验中探索

虽然清华主流的培养目标是治国之才、兴业之士、学术大师，但是未对个体发展设限，给予了每一位学生充分探寻自我成长的机会。记得硕士早期，我除了修完专业课程和参与导师项目之外，觉得最有趣的是加入了研究生会国际部，与志同道合的朋友们举办了 iTalk、Friday Talk、诺奖巅峰对话等一系列活动，虽然我们中的许多人在毕业后没有从事公共服务，但我们所感受到的挑战权威、勇于交流、朋辈激励精神一直影响着我们。每一次活动的策划和嘉宾邀请，会促使我们思考如何去积极地影响他人，合作中的共担与陪伴让我们收获了烦琐工作之外的温暖。

我对学术研究的兴趣也是从那时开启的，虽然研究生早期没有论文发表，甚至不了解科研的基本范式，但是通过参加学术会议和学术活动，我对学科发展动态有了基本的体悟。硕士论文在导师已有的规划制度体系研究下进行了选题和延伸，形成了一次完整学术训练的初步尝试。学术初体验的过程让我感受到建筑规划是一门融合了科学、技术、艺术的综合性实践学科，并不像其他经典理工科那样大量依赖公式和实验，而是需要通过对社会发展问题的深入挖掘，提出空间塑造的理论、方法与策略，还需要通过对人类共同命题的思索，形成普世价值观的创造。

在硕士阶段中期，我和许多人一样面临着未来是就业还是深造的选择与焦虑。我也参加了学校职业发展中心举办的宣讲，了解了地产、设计院、政府、高校的就业情况。但综合思考下来，发觉自己对理论的思考更有热情，对未知的探索更有期待，于是决定继续申读导师谭纵波老师的博士。

■ 第二个阶段：品尝一次学术自助餐

在博士选题期间，我希望能有一些和其他学科相结合的城市研究探索。这个想法在与导师谭纵波老师沟通的过程中得到了支持。记得在一次组会结束后，谭老师鼓励我说，研究方向最重要的是要结合自身兴趣，这样才能产生源源不断的内驱力，同时他也提醒我，虽然可以有跨学科的交叉内容，但是仍然需要立足于本专业的研究意义。在导师的鼓励下，我希望找到一个自己既能感兴趣、擅长又能长期坚持的研究方向，既能有系统性的知识体系构建，又能定量化地去描述和解决问题，同时还能在纯粹的科学和技术问题之上，形成哲学、伦理、行为、政治、经济视角的讨论。我最终将研究方向定为基于城市轨道交通网络结构及其与新型交通出行服务融合的城市规划响应机制研究。

由于涉及城市规划和交通的跨学科研究内容，我开始了又一次的探索，而这次探索就仿佛品尝一次丰盛的学术自助餐，不断学习新知识、挖掘有价值的点、想象未来的发展、融合不同领域、定义研究的问题和内容。我围绕着研究方向选修了土木系交通方向的跨专业课程和学校大数据相关课程，参与了北京宇恒可持续交通研究中心和清华大学交通研究所的实习实践项目，通过参加TRB、ACSP、ISOCARP等国际学术会议来了解交叉领域的前沿动态。

博士期间，我也有幸申请到了美国麻省理工学院的联合培养，以及日本东京工业大学和金泽大学的短期访学，丰富了从不同国家的学术领域看待同一研究问题的视角。博士开题前，我在日本东京工业大学和金泽大学的访学期间完成了东京轨道交通的调研和数据搜集。东京工业大学环境与社会理工学院交通研究小组的朝仓康夫教授给了我从交通工程视角看待城市规划研究问题的启示。博士开题后，我前往了美国麻省理工学院城市研究与规划系 JTL 实验室，学习了城市交通和定量分析的相关课程，并基于博士论文选题，开展了学术合作与论文发表，进一步了解了中美城市规划研究领域不同的科学研究范式。

博士期间的科研经历和海外交流也让我对科研本质有了进一步的体悟。在城市研究和规划研究领域，我们正面临着大数据的兴起和新技术的涌现，以及越来越频繁的学科交叉，这既带来了传统学科转型的机遇，也引起了传统学科的迷茫与焦虑。我想在这样的背景下，我们仍然需要寻找一种自信，即面对不断发展的技术工具，去夯实不可替代的专业领域知识，形成理论的持久创新，这样才不致于迷失在技术更迭的浪潮中。如何定义一个问题可能比如何解决一个问题更重要，为什么做可能比怎么做更需要思考。一篇博士论文不仅是研究生学习的终点，更是另一个起点，即寻找一个未来若干年可以持续深入研究方向的起点，也是成长为独立科研工作者的起点。

■ 第三个阶段：从受教育者转变为教育者

在清华的时光，我有幸拥有了人生两次深入探索的机会：第一次是从学术、实践、公共服务的体验中明确了学术道路；第二次是通过品尝学术自助餐的过程找到科研的兴趣点和想要坚持的方向。从清华毕业后，我完成了身份的转变，有幸从一名受教育者转变为教育者，来到同济大学建筑与城市规划学院成为一名助理教授，从事教育和科研工作。这也让我不禁时时思考教育的本质是什么。大学之道，在明明德，在亲民，在止于至善。大学教育不仅仅在于培养专业帅才，更在于启迪人的心智，促进人格的全面成长。它在于通过对人自我渴望的深度挖掘来唤醒人的意识的觉醒，通过满足认知规律的专业培养来形成人的自信建构，通过通识教育和人文关怀来形成人与社会的积极链接。

正如清华所赋予我的那样：先让我找到我的热爱，再帮助我成为我想成为的人。正因为拥有了探索的机会，才可以不断地去尝试、体验、试错，从而找到自己热爱、擅长又能坚持的事情，再一步一步地去实现这份热爱与梦想。我也想把我在清华学生时代所感受到的这种"善"传递给我现在的学生，希望在标准化教学和个性化培养中寻求平衡，帮助学生找到有价值和有热情的部分，再引导学生去实现它。我知道，这种理想的背后仍是一条需要不断探索和修炼的道路，不仅需要扎实的专业知识的积累，更需要对认知和教育规律的了解，不仅需要专业知识的系统传授和关键环节的针对性指导，更需要对学习环境的积极营造。我希望在未来的工作中能不断地去思考，去实践。

写于 2022 年 4 月

曹哲静，清华大学建筑学院 2021 届博士毕业生，现为同济大学建筑与城市规划学院助理教授。

闫星辉：为了祖国的辽阔天疆

■ 传承红色精神　追逐蓝天梦想

科研小憩，我喜欢站在东主楼远眺西山云海苍茫、五道口华灯初上，为自己身处繁荣富强的祖国学习而自豪。思绪飘飞，时常回忆起小时候邻居老红军爷爷讲过的许多抗日故事。天下兴亡匹夫有责，国防力量是一个国家繁荣昌盛的根本保障。2009 年，虽然高考成绩让我与清华园失之交臂，但怀揣着保家卫国的理想和对航空航天的兴趣，我进入西北工业大学学习航空发动机专业，硕士推免到控制工程专业。

在硅谷参观

■ 牢记自强使命　启航崭新征程

2016 年，我考入清华大学计算机系攻读博士学位。第一次走进实验室，我被满屋新奇的无人机和先进的仪器设备所震撼。师兄师姐们不是在户外做飞行试验，就是在桌案前埋头调试算法。这种融合了天马行空想象力和务实工匠精神的氛围深深感染了我，使我一下就爱上了这里。

由于跨专业，一开始我面临巨大的困难和压力。但每每意志薄弱时，总有"航空报国"的信念和"自强不息"的精神从心底响起。经过不断努力，各科均取得了满意的学分绩，为求学历程书写了一个漂亮的开端。

在导师朱纪洪教授的指导下，我发挥出综合专业背景的优势，将计算机与航空航天中的多约束优化与控制进行交叉融合，在高水平期刊上发表了系列论文。朱老师宽以待人，但涉及科研学术则极为严谨。老师常说："要做对国家有用的科研。"在国防科技攻关项目的参研过程中，我不断学习从交叉学科角度看问题、解决问题，同时认识到了科研学术需要"落地"：解决实际问题、服务国家需求。

毕业后，我毫不犹豫地来到祖国需要的地方——西北工业大学。西工大是中国唯一同时发展航空、航天、航海工程教育和科学研究的"双一流"高校。在当今我国国防科技工业领域，西工大校友领军人才辈出，例如，著名的"军机三总师""民机三总师"等。这些优秀的前辈，为我的人生选择提供了借鉴指导。作为共产党员，我将积极响应总书记"将论文和科研成果落实到祖国的大地上"的号召，瞄准领域内学术前沿和国家重大需求，贡献自己的一分力量，将科研成果写在祖国的蓝天上。

和导师朱纪洪教授（左）

■ 携来爱侣曾游　清华水木同芳

在清华,我不仅收获了学术的快乐,还收获了爱情的甜蜜。爱人窦子媛与我本科相识,一起求学于清华园,也在这里修成正果。"和你在傍晚的清华走一走,直到实验室灯都熄灭了也不停留……"依曼的歌正是我俩还有许许多多清华爱侣的真实写照。

爱人从物理系毕业后同样投身于航空军工院所,并获得 2020 年启航奖铜奖。我们欣喜地发现:一路走来,彼此早已成为科研路上大同行,人生路上共芬芳。

感谢学校提供宝贵的机会,让我们把人生的志愿与大家分享。回首今夕,我们想说:"西山苍苍,西岳轩昂,无论身处何地,为了祖国的辽阔天疆!"

和爱人在清华园(右)

写于 2021 年 11 月

闫星辉,清华大学计算机系 2021 届博士毕业生。毕业后到西北工业大学任教。

徐九洋：一位医师科学家的成长与选择

■ 为什么选择学医

"为什么选择学医？"高考填报志愿之后，很多家人、朋友、同学都问了我这个问题。"工作会不会太辛苦？是不是有很多需要记忆背诵的东西？"这是他们问我的问题，也是我给自己提出的问题。

我的家庭里此前并没有医务工作者，并且很长一段时间里家人都身体健康所以也很少和医院打交道，因此在高中之前我好像都没有想过要成为一名医生。那时我的理想是成为一名科学家，或是和父母一样成为一名工程师。有一年暑假在家里看了一部医学主题的电视剧《无限生机》（类似中国版的《急诊室的故事》），才算是对医生这个职业有了一些认识，觉得医生能够挽救生命，是特别神圣而伟大的职业。

临床实习及技能训练
（拍摄于北京协和医院，2021年6月）

高中之后，我逐渐对化学、生物学产生了浓厚的兴趣，加上我很喜欢学习知识以及传播与分享知识的过程（医学是一门需要终身不断学习的学科），因此萌生了想成为一名医生的想法。并且在高中时自己和家人的几次就医经历之后，才慢慢对医生的角色有了更深的理解。填报志愿的时候，看到清华招生宣传资料上对医学实验班"3＋2＋3"培养模式的介绍，以及"医师科学家"培养理念的描述，突然就有了"一见钟情"的感觉，认定了自己会选择清华医学，并最后成为一名医生。虽然当时觉得是有些冲动的想法，但现在回想起来其实之前已经有了很多的铺垫吧（当然还有一个原因就是，之前最想读的化工专业当年没有在上海招生，可能也是注定的）。

清华大学2013级医学实验班创意拼接合影《四季》

这是我人生中第一个自己做出的重大选择，确定了自己的本博专业，同时没有意外的话也是确定了今后的工作方向。入学之后，在课程学习和专业教育的过程当中，我发现自己对医学知识非常喜爱，虽然记忆的内容的确很多，但我也从中找到了乐趣；我逐渐坚定了成为一名医生的想法，并且对"医师科学家"的职业发展目标有了更多的认同感。

医学长学制的一个好处就在于，在高中毕业时你就清楚地知道自己今后的发展方向和一段时间内的成长轨迹，至少对在校8年期间的学习安排有清晰的设置规划，不必为考研、读博、工作等问题而烦恼。在成为一名医生之后，住院医师、专科医师规范化培训体系等也都日趋完善成熟，对于将来的职业发展也能有一个比较好的预期。因此，一旦想好了之后，在这条既定的道路上一路向前即可，不必左顾右盼、瞻前顾后，所以能够最大程度地利用时间和学习资源，朝着梦想的方向努力。

■ 为什么选择医师科学家

什么是医师科学家？与一般所见到的临床医生有什么区别？

医师科学家（physician scientist）首先是一名临床医生，深入理解临床需求并具有扎实临床功底；同时，他/她还具有科学研究的兴趣，能够通过科学研究、运用科技等力量攻克解决临床难题。以前，一听到医学研究，有些人能够想到基础科学家的研究，而往往会忽略医生的临床科研工作。事实上，随着现代医学与生命科学的发展，临床医学已不再只是经验医学，疾病的诊断与治疗需要科学客观的临床证据支撑。特别是新冠肺炎疫情之后，更多人开始相信：临床研究也是科学，临床科研和基础科研的思路是一样的。新时代的背景下，我们迫切地需要一群既懂临床又能开展科学研究的医师科学家。

清华大学基础课程及科研学习（右）
（拍摄于清华大学医学院病理学显微镜实验室，2016年6月）

感恩母校清华，让我在医学实验班的平台接受了创新的"3+2+3"模式的培养。在入学前3年，我在清华园里学习通识课程和基础医学知识，许多课程直接用英文授课，贴近国际前沿热点。在中间两年，我前往美国匹兹堡大学进行实验室基础科研训练，多次参加国际学术会议并做汇报展示；在国外的经历不仅培养了我的科研思维，也锻炼了英文交流和独立生活的能力，同时也在各种失败与挫折中体验到了科学研究的艰辛。回国之后，我在北京协和医院完成了3年临床学习，在学习临床课程的时候，在医院的各个不同科室作为实习医生轮转。

毕业前夕，我代表学校首次参加全国大学生临床技能大赛，并获得金奖冠军，这项比赛是国内临床医学的最高赛事，被誉为"医学生的奥林匹克"。正是医学实验班的培养让我收获了扎实的科研素养和临床能力，让我能够在医师科学家职业理想的道路上扬帆起航。

代表北京协和医学院（清华大学医学部）
参加第十全国大学生医学技术技能大赛获得临床八年制赛道金奖冠军
（拍摄于天津医科大学，2021年5月）

除了专业课程的学习和临床技能的训练之外，科学研究也贯穿在我的8年学习当中：在清华校本部学习期间，我加入了医学院张林琦教授实验室，参与了当时国际前沿的中东呼吸综合征冠状病毒研究；在海外期间，我继续保持对呼吸道病毒学研究的兴趣，这些科研经历为后来的临床训练和临床研究都打下了扎实的基础。

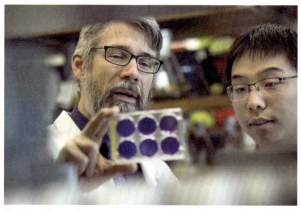

与美国科研导师 Prof. John Williams 在一起做科研（右）
（拍摄于美国匹兹堡大学医学院，2017年12月）

与基础科研导师张林琦教授合影（右）
（拍摄于清华大学医学院，2021 年 6 月）

清华园的学习生活也给我打下了深深的集体烙印。作为新生党员，我连续担任班长、党支部书记职务，我所在的班集体连续两年获得了校甲级团支部、优良学风班、先进班集体的"大满贯"荣誉。

作为一名医学生，在课业负担已经很繁重的情况下，为什么选择参加学生工作和班集体活动呢？一方面是清华浓厚的集体建设氛围；另一方面，其实参加班集体建设的这份经历，对于成为一名医生也是有帮助的——在集体活动中，很重要的一点便是换位思考、互相理解，这一点在医生与患者的关系中也是十分重要的。此外，此间锻炼的演讲、交流、沟通等能力也为成为一名优秀的医生打下了基础。

班集体——2021 届医学实验班毕业合影
（拍摄于清华医学院，2021 年 6 月）

■ 有没有过动摇

高中毕业的时候就选择了医学，8年学习过程中，有动摇过吗？当然有。并且每每看到有严重的医患矛盾冲突，或是有伤医事件发生的时候，这种犹豫和内心的纠结就会变得非常突出。

2020年年初，在疫情刚刚显露苗头的时候，连续发生了几起暴力伤医事件。记得那天是大寒节气，在朋友圈里看到大家疯狂转发一幅漫画，"前有病毒的肆虐，后有病人的砍刀"。的确，当时心情特别沉重，加上当时病房的工作也非常繁重，心里自然不是滋味。不过好在这些灰色的时刻还算是少数。在那幅漫画上还有一句话，"为所有奋斗在前线的医护人员祈祷"。我想也正是这句话，以及作为一名医生的信念，支撑着许多人走下来。

不过，在日常的医务工作中，虽然偶有委屈与埋怨，更多的还是感动。在临床实习期间，我真切地体会到医学给病人带来的改变，也深刻地体验到对于一名医生来说，挽救生命的成就感是其他职业难以企及的。

记得在消化科实习的时候碰到过一个年轻的小伙子，中午的时候一个人默默坐在病房门口的椅子上，看起来精神很差。从他面前路过，我总觉得哪里不对劲，本来准备去午休的我又折了回来，简单了解病情之后，我发现小伙子因为门脉高压、大量呕血，贫血非常严重。他原本是下午才办理入院的患者，因为实在不舒服所以早早就来到了病房门口。我马上把他带进了病房，以最快的速度抽血化验、申请配血，到傍晚的时候给他输上了血；看着他的脸色一点点好起来，人也逐渐有了精神，我的心里也感到很欣慰。后来出院之后，他的家人还专门给我发了感谢的短信，这是一名医者最感动的时刻。

在临床轮转的过程中，经常能感受到作为一名小医生的忙碌和辛苦，体会象牙塔之外社会与人性的复杂。不过，在内心中，理想的微光一直在闪烁着，当看到病人被治愈时的笑容，当运用知识解决了一个临床中的实际问题，总是会很开心。治病救人的初心是我前行的动力。

■ 从"预备役"到"现役"的转变

记得是2020年1月月初的一天晚上，我接到导师的电话："九洋，你能否跟我一起去武汉？"新冠疫情（当时还称为不明原因的病毒性肺炎）暴发初期，我的临床导师曹彬教授作为第一批专家组成员赶赴武汉。接到电话的时候我的内心就被震动了，这是我第一次觉得作为一名"预备役"的医学生，自己离前线如此之近。虽然我后来由于课业安排和临床实习等因素未能前行，但我在后方也不敢懈怠，参与相关临床试验的数据整理工作，参与撰写了我国学者在《柳叶刀》杂志上发表的第一篇新冠学术论文，这份经历激励着我在医师科学家的道路上前行。

与临床导师曹彬教授（右）
（拍摄于中日友好医院，2021年8月）

疫情期间，我也更加坚定了职业的选择，我身边的各位任教老师们义无反顾地奔赴前线，身体力行地诠释着医生的神圣与职责。他们白衣执甲，穿着厚重的防护服在临床一线救治重症患者；他们同时也是前线的"临床科学家"，在疫情最严重的地方开展实施规范的临床试验，为新冠肺炎诊断和治疗积累科学的证据。正是他们，让我坚定了成为医生的信念。

毕业后，我成了和导师一样的呼吸与危重症医师。我正从"预备役"的医学生成长为"现役"的医生，投身于一线临床和科研工作，我准备好了！在工作岗位中，我不会辜负清华医学人的使命，为建设健康中国贡献自己的力量！

写于2021年11月

徐九洋，清华大学医学院2021届八年制临床医学专业博士毕业，毕业后就职于中日友好医院呼吸与危重症医学科。

后记

本书内容最初是在 2019 年毕业季，作为清华大学学生职业发展指导中心微信公众号"清华职业辅导"上的一个毕业季专栏与大家见面的。在这个专栏里，清华毕业生们以第一人称视角，真实地讲述自己在大学生涯中面临的发展困惑和职业选择，分享自己如何找到适合自己的道路的心路历程，迅速引起了在校学生乃至校友们的共鸣。读者的反馈给了我们将这个栏目在 2019 年毕业季后持续做下去的动力，并加大了约稿的力度，因此得以在清华大学建校 110 周年之际，将第一辑的 55 篇故事付梓出版，作为给清华 110 周年校庆的一份献礼。

我们很高兴以这样的方式为读者们提供近十年来清华学子职业选择与发展的一个"横截面"式的观察。第一辑发行后，受到了清华师生、校友和社会人士的高度欢迎和好评。在读者们的鼓励下，我们再次编选了 55 篇故事，推出了第二辑。

在本书中，你既可以"探微"式地深入体会每一个个体投身社会时的多元与个性，又可以相对"宏观"地感受清华学子如何生动地将个人的兴趣价值融入中华民族伟大复兴事业的征途之中。如果本书能够为更多的清华学子乃至全国的青少年的生涯探索和职业选择提供一些参考，那我们将感到莫大的荣幸。

在本书编辑出版的过程中，于朔、韦江、王琪、李诗慧、李晨宇、张嘉良、林子夜、钱楚楚、徐冉、郭凯迪、黄钰婷、曾哲妮、廖雨歆（按姓氏笔画排序）等师生也承担了大量的联络、编辑、校对工作，在此一并向他们表达感谢。